少年院のかたち

毛利甚八

Jinpachi Mouri

現代人文社

少年院のかたち

まえがきにかえて

『家栽の人』誕生前夜～林洋一郎さんのこと

一九八六年暮れの酉《とり》の市《いち》、たしか三の酉のことだ。

僕は新宿・歌舞伎町、風林会館近くの雑居ビルにあるスナックでスーパーニッカの水割りを飲んでいた。
ゆったりとカーブを描いたオーク調のカウンターが、大きな川のように部屋を横切っている。その向こうに、
和服姿で髪をアップに結った、切れ長の目が美しい女性がいて、客は僕と林洋一郎さんの二人だった。

僕は待ち合わせた担当編集者のKさんの都合が悪くなったということで、やや居心地の悪い酒を飲んで
いた。編集者に連れられてスナックをはしごする経験は何度もあったが、金を払った経験はない。

僕は二十八歳で、フリーライターとしての仕事がようやく軌道に乗りかけたところ。アパート代を三カ
月あまり滞納したり、水道が止まったままで公園の水をバケツで汲んできてトイレの水を流すという貧乏
生活を抜け出して二年もたっていない。一杯ごとに清算するシステムの「もぐら」という六本木のバーに
一人ででかけ、自腹でマティーニを三杯飲んだのが嬉しくてたまらなかったのが、つい一年前のことだ。
月に、見開き二ページ一本五万円の記事を二本と四ページのインタビュー十万円、不定期に依頼される

グラビア特集記事の撮影を仕切って記事を添えて十数万円という具合で、月三十万円程度の収入がある。それでも大学を卒業した年の年収百万円に比べればはるかに金持ちになった気分で、ほっとしていた。

記事をまとめる手際はひどく悪いけれど、編集部の会議机に貼りついてウンウン唸って十時間ぐらい原稿を書きなぐっていると、なんとか体裁の整った記事になる。まだワープロが普及しておらず、雑誌用の半ぺら二百字詰めの原稿用紙に、２Ｂの鉛筆で十四字詰めの原稿を書いていく。十枚ほど書いたところで反故にして、視点を変え、不要な文章を削りながら清書する。なにより担当編集者の気に入るまで何度も書き直す愚直さが、Ｋさんに可愛がられていた大きな要因だったのだろう。

店に現われなかったＫさんの電話で、とりあえず飲み代はＫさんのツケになったけれど、いつものようにカラオケ合戦になる気配もない。黙って酒を飲んでいると、区役所通りの小さな雑居ビルの二階にある「こちこち」で何度か顔を合わせたことのある林さんが、しわがれた声で「酉の市にでも行くか」と声をかけてきた。

なんでも林さんは漫画誌の編集長だそうだ。僕はＫさんに連れられて、ほぼ月に一度の割合で「こちこち」に飲みに行っていたが、午後十時ころ壁にあぶさんの色紙が貼ってある小さな店にたどりつくと、林さんはいつもカウンターの奥に一人で座っていた。彼が酒場のカウンターに座って、毎晩マンガのアイデアを考え続けていたのを知らなかった僕は「ヒマそうな人だ」と思った。

カラオケが出始めてまもなくの頃で、ＶＨＳのビデオテープくらいある演奏テープを黒い箱に差し込んで、ファイルケースに入った歌詞カードをめくりながら歌う。Ｋさんと僕のグループが歌っていると、林さんは終わり際に一曲だけフランク永井の「公園の手品師」を「ららららん、ららららん」と、しわがれた声で歌う。それ以外のことはよく知らない人だった。

三の酉の夜が更けたその日、林さんと僕がカウンターから立ち上がると、ママも羽織コートを着てマフラーを巻き、店の灯を落とした。区役所通りからゴールデン街の路地を抜け、花園神社に歩いた。

花園神社の境内は裸電球の光でいっぱいだった。

竹を組み、菰《こも》で風除けをしたテントに、赤色の勝った極彩色で飾りつけられた伊勢エビやおたふくの熊手が並んでいた。

そんな露店が境内いっぱいに広がっている。

どの店にもハッピ姿で、角刈り頭にねじり鉢巻を巻いたおじさんがいて、熊手が売れる度に大仰な声で三三七拍子の音頭をとる。

両手いっぱいの幅がある熊手は、いったい幾らなのだろう、と思った。僕には、熊手で金をかき集めるという信仰は無縁だし買う金もない。だけど、市の賑わいに朗らかな声を張り上げる人たちがいることがおもしろくて仕方がない。裸電球の黄味がかった光が、熊手のキッチュな意匠をさらに美しく見せていたし、屋台の間をそぞろ歩く人波もうきうきと明るかった。

僕は一年前の夏にニューヨークにいた。大学時代の友人が借りているアパートに居候しながら、ひと月の間、遊び暮らしたのだが、滞在している間に「ザ・プラザ」というホテルで円の通貨レートをめぐる首脳会議があったのだそうだ。日本はアメリカに媚を売る必要があったのだろう、僕の滞在中に大歌舞伎がやってきて、大相撲の巡業があった。僕はニューヨークで、生まれて初めて玉三郎と孝夫の「桜姫東文章《さくらひめあずまのぶんしょう》」と市川団十郎の「暫《しばらく》」をオペラハウスの三階席から観て、マジソンスクエアガーデンで、モーニングを着た白人たちに囲まれた土俵で股割りをする相撲取りを見た。それからわずかの間に円は一ドル二百八十円から百四十円台に暴騰した。はじめから一ドルが百四十円だったら、もうひと月ニューヨークにいられたのに、と泣きながら日本に帰った。

そういうわけで一九八六年冬の東京は、円高とNTT株の上場と土地の値上がりに沸いて暮れようとしていた。大きな熊手で、大金をかき集めるチャンスが、たぶん目端の利く人々にはいっぱい見えていたのだろう。

僕はもちろん、そんなことには気がついていない。花園神社の賑わいを、ただ口を開けて見惚けている僕を、林さんは愉快に眺めていたらしい。

熊手を買った後、居酒屋に落ち着くと、林さんは「お前はなんでもニコニコ笑って見てるなぁ」とニコニコして言った。

後から考えてみると、僕が漫画原作者としてデビューする運命がこの時に決まっていたのである。

植物と裁判官

僕は酉の市からひと月ほどたって、再び、歌舞伎町のスナックにいた。担当編集者のKさんに誘われて来てみると、そこで林さんが飲んでいた。

「なぁ」と、例のしわがれた声で林さんが言った。

「マンガの原作を書く気はないか？」

驚きはしなかったが、予想をしていたわけでもない。マンガの原作を書くという選択肢を考えたことがなかったのだ。

「書けると思います」

僕は小説を書くために雑誌の世界に入った人間だった。大学時代に数編の小説を書いた経験から、取材する力がなければ職業として数多くの小説を書くことはできないと考えた。雑誌の世界はそれなりに楽しかった。出版社から預かった金で旅をして、いろいろな世界をのぞく。テープレコーダーを回しながら知らない世界の話を聞くことがおもしろかった。不満は、もっと長いものが書いてみたい、ということだった。

「俺ならもっと長いものが書ける」

その自信がどこから生まれたものか。あれから二十年が過ぎて、若気の至りだったという気がしないでもない。ひとつのジャンルをこつこつと掘り続けなければ、内実のある書き物をものにすることは難しい。しかも内実があったとしても、それが多くの人を喜ばせるものになるかどうかはわからない。

ひとつ言えるのは、あの頃は書くことが楽しくて仕方がなかったということだ。新しい世界をのぞき、人の言葉に出会い、それを書く度に自分の世界観が更新されていく。いわば勉強するおもしろさに近い。雑誌という器のなかで、多くの方向に触手を伸ばしながらフィールドワークをしていく雑食または悪食の勉強といえた。

そういう生活の延長線上に、漫画原作という選択肢が、林洋一郎という編集者の思いつきで投げかけられたのである。

「植物の話が書けるか？」

林さんは僕にたずねた。

「たぶん書けます」

僕はアウトドア雑誌で、生態学の記事を書き始めたところだった。北海道の知床国有林で伐採を免れていたミズナラの大木を、大赤字に困り果てた林野庁が家具材として伐採しようとしたところ、自然保護派の市民が伐採予定の立ち木に身体を縛りつけるなどして抵抗した事件があった。この事件をきっかけに、生態学の分野に首を突っ込んでいたのだ。

林さんは返事を聞くと腕組みをした。

「主人公の仕事は何がいいかなぁ……。家庭裁判所の判事なんかどうだろう？」

話はそれで終わった。

それにしても酒の席の話である。フリーライターとして数年を生きていた僕は、その話を鵜呑みにはしなかった。編集者の気まぐれで、またはこちらが編集者の気分を害して、電話がかかってこなくなれば仕事を失ってしまうことは業界の常識だ。

一九八七年の年が明けると、僕はあちこちに取材旅行に出かけ、編集部の会議机でうんうん唸りながら原稿を書く暮らしを続けていた。

会議机にへばりついている僕のところへ、林洋一郎さんの部下だというNさんがやってきて、「あの話はじめますから」と声をかけられたのは、酉の市から数カ月がすぎた春のことだった。

桑田判事は家裁にいなかった

初めて原作を書いた『家栽の人』というマンガは、植物いじりが好きな家庭裁判所裁判官が少年事件や離婚調停を、当事者の心理を読み取りながらていねいに審理していく物語だった。

丸メガネに団子鼻の、およそヒーローらしくない主人公・桑田義雄判事は、当時、僕が仕事をしていたアウトドア誌「Ｂｅ-ＰＡＬ」で主に京都大学の研究者へのインタビューを通じて学んだエコロジー思想や生態学的思考法を注入したキャラクターだった。

その頃、エコロジー思想を紹介する記事を書いていた僕は、森林学の権威・四手井綱英さんや水生動物の研究者・川那部浩哉さんをはじめとする京都大学の生態学研究者にインタビューを通じてさまざまなことを学んでいた。

たとえば森を舞台に物語を書くとすれば、一番強いトラを主人公に物語を書いたほうがわかりやすい。いわゆる英雄主義というか、ダーウィンの唱えた適者生存や弱肉強食の世界観だ。しかし、生態学の考え方は反対だった。樹があって、トラがいて、虫がいて、土の中にミミズがいて……と森の中に何千何万という生命があって、生きているものは同じように大切な存在であると考える。多くの生物が絡み合って生きる「関係」や「場」に注目するのが生態学だ。そういう考え方が、妙に自分の気分としっくり来るような気がしていた。

マンガを書くために初めて買った六法全書を開いて少年法を読んでみると、その第二十二条に「審判は、懇切を旨として、和やかに行……」わなければならないと裁判官のあるべき姿が書いてあった。

アメリカのイリノイ州で生まれた国親思想をもとに展開されている保護主義と、京都大学の先生がたから学んだ生態学の思想はひどく似通っていると、当時の僕は考えた。

原作を書く前に、最高裁の広報課に電話をすると、たぶんキャリア裁判官のなかでもエリート中のエリートであるオオタさんという人が出た。漫画誌で裁判官のマンガを書くので取材したいと言うと、オオタさんに「前例がありません」という理由で断られてしまった。

僕は監修をしていただいた弁護士の山崎司平さんに教えてもらった、『家裁少年審判部』（全司法労働組合編、大月書店刊）という本と少年法を頼りに、全十五巻のうち最初の三巻をまったく想像をもとに事件や裁判官の姿を描いていく。

当時はバブル経済の真っ只中。糸井重里氏の「おいしい生活」（西武百貨店）というコピーが象徴する八十年代の高度消費経済のなかで、高価なデザイナーズブランドの服をクレジット・カードで買うというライフスタイルを選択した東京の人々は、一九八五年のプラザ合意による円高誘導をきっかけに、さらに楽天的な未来像を描くようになっていた。

今はフジテレビが君臨するお台場の埋立地が造成中で、「香港が中国に返還された後に、香港の金融資本が共産党政権を嫌って東京の埋立地に大挙して移転してくる」とまことしやかに語られていたのだ。メディアは円高と株と土地高騰のニュースを伝え、ファッションとグルメが恥じらいもなく語られる時代だった。

林編集長と初めて会った新宿区役所通りのカラオケスナック「こちこち」も、やがて地上げと再開発の波にもまれて消えていった。

そういう世相のなかで、僕は、主人公・桑田判事に「家族が大切」「子どもの気持ちが大事」という、ひどく古くさいメッセージを、さまざまな言葉に変奏して語らせ続けた。

おそらく需要と供給のバランスだったのだろう。バブルに浮かれる東京とそれを傍観している日本のなかに、バブルと無縁な人々が少なからずいて、バブルをはっきりと否定しているマンガはあの時期『家栽の人』だけだった。連載が始まった一九八七年には月二回刊の「ビッグコミックオリジナル」に三回に一回の割合、つまり一月半に一回という間隔で発表されていたのだが、『家栽の人』は人気投票でかなりの数を集めたようだった。そして、一年半ほどすると、『家栽の人』は月イチシリーズという、二回に一回の頻度で掲載される連載形式になった。

今、ふりかえってみると、裁判所を何も知らない人間が書いたにしては、意外に良くできていると思う。ただ僕は裁判官のことを書いていたわけではなく、自分の生きる場所が主人公・桑田判事のような奥行きのある人間に引っ張られて良い方向に変化していく、そういう世界であって欲しいという、祈りに似た気持ちで物語をつむいでいたのだと思う。

しかし、『家裁の人』はプロの漫画編集者からは評判の悪いマンガだった。

「ジミ」

「セリフが長い」

エレベーターのなかで『家裁の人』の話題が出たとたん、仕事をしたこともない漫画編集者から面と向かって「ケッ!」と吐き捨てられたこともあった。プロから見ると、人の気持ちを愉快にする即効性のない、ドンくさいマンガだと考えられていたのだ。

ただ林洋一郎さんと担当編集者のNさんだけは『家裁の人』の支持者だった。林さんはある時から(実に恥ずかしそうに)僕を「センセイ」と呼ぶようになった。

「あのセリフは良かったぞ。よく書けたなぁ」

そう励まされた。

早稲田大学の漫画研究会出身で、周りの同僚から畏敬をこめて「マンガ馬鹿」と呼ばれたほどマンガを愛していた林さんは漫画家の線や技量に対して、独特の嗅覚を持っていた。

「魚戸（おさむ）くんはいいぞ。子どもの笑顔がすごくいいじゃないか」

その笑顔を今も思い出すことができる。

月イチ連載で『家栽の人』が掲載されていた一九九〇年。司法制度百周年という年回りになった。その年、朝日新聞が「孤高の王国」という裁判所の現状を報告する長い連載記事を掲載した。その第二回で、『家栽の人』が紹介されることになった。

「桑田判事」というタイトルだった。

日曜日の一面の、六段組くらいの大きな囲み記事だった。桑田判事の絵がカラー写真で紹介されていた。内容は、近頃、裁判官が熱心に読んでいるマンガがある。それは植物好きの家庭裁判所判事が、当事者の心を深く理解して裁く内容である。裁判官たちはその記事を読みながら、俺もこんな風に仕事がしてみたいと話している、という内容だった。

この記事を境に、ジミなマンガだった『家栽の人』は突然、社会の表舞台で注目される存在になっていく。最高裁に取材を断られたにもかかわらず、この頃から家庭裁判所の調査官のグループや、裁判官のグループから講演の誘いがかかるようになった。裁判所のことは何も知らないので、話をする内容などないのだけれど、ホンモノの調査官や裁判官と会って話せば、なにかネタが拾えるかもしれないと行ってみることにした。

こうして調査官や裁判官と知り合うようになって、酒の席で話を聞いていると、次のことがおぼろげながらわかってきた。

それは、自分が描いているような裁判官はどこにも存在しない、ということだった。

そして一九七〇年代に始まった「司法の冬」と呼ばれる、自民党と最高裁事務総局が中心となって戦後に任官した護憲派の裁判官に対して行ったイジメ（おおげさに言うと弾圧）が、その後も裁判官の心と生活に暗い影を落としていて、裁判官はひどく窮屈な生活をしているというのだ。

そういう裁判所の閉塞状況を知ったのは、皮肉にも『家栽の人』が大ヒットし始めた頃だった。

僕は苦しんだ。

ある時、福岡高裁の所長となって転任した裁判官のインタビュー記事を読む機会があった。新しく着任した所長の人柄をさぐるという新聞記事で、それを読んでいると、最後の一行に「愛読書は『家栽の人』」と書いてあるではないか。

その裁判官はもしかしたら冤罪事件で検察の出したしょうもない証拠を認めて、死刑判決を書いた人なのかもしれない。しかし、愛読書は『家栽の人』と広報することで、どこか暖かい人柄だと印象づけることができるのだ。

「勘弁してくれーっ！」と大声で叫びたくなった。

なによりもマンガがヒットすればするほど、自分は世の中の人から裁判所の実態を知る機会を奪うデマゴーグを流し続けているのではないかという恐怖を感じるようになった。

『家栽の人』の創造主であった林洋一郎さんはすでに故人となっていた。

そして、結局、九年あまりの連載を終えて、『家裁の人』をやめることになった。

連載を終えてから十三年が経ったが、裁判ウォッチング、少年法改正反対運動といった市民活動に参加したり、「少年問題ネットワーク」という非行少年の処遇にかかわる実務家が多く参加しているＩＴ会議に参加して、あいかわらず少年事件や裁判所のことを考えている。正直、「裁判の世界に関わるのはもうたくさんだ」と考えた時期もあった。だけど僕としては、三十代の時間のほとんどを費やした『家裁の人』という作品の価値を確かめないわけにはいかなかったのだ。

少年院をながめる

そうした活動を続けるうち、二〇〇三年の春から大分県の中津少年学院に篤志面接委員として月に一度でかけるようになった。橋渡しをしてくださったのは元裁判官の井垣康弘さんだ。

二〇〇二年の暮れ、井垣さんとともに活動している「少年問題ネットワーク」の用件で大阪に出かけた際、井垣さんに「毛利さん、篤志面接委員という制度を知っていますか？」とたずねられた。もちろん知らなかった。篤志面接委員は定期的に少年院に出かけて、少年たちと面接をして話を聞く活動で、井垣さんの奥さんもやっているのだという。

「毛利さんもやってみませんか？」

『家裁の人』を書いていた頃、いちばん謎だったのが少年院だった。まさか『あしたのジョー』に描かれた少年院を移植して描くわけにはいかないから、おっかなびっくり描いたものだった。連載中に多摩少年院や榛名女子学園を見学したけれど、表面をなぞっただけでは何もわからない場所だった。もしも少年院のなかに入れるなら入ってみたい。そこで少年たちがどんなふうに生きているのか知りたい。

「もしできるのならやってみたいです」

そう井垣さんに答えていた。

少年院から突然電話がかかってきたのは、その数カ月後だった。

中津少年学院に出かけてみると、院長室に通された。がっちりとした体つきで、実直なものごしの西崎法一院長がいた。その場で篤志面接委員になることが決まった。僕は国東半島の付け根にある町から月に一度、三十分をかけて少年院に通うようになった。

当初、少年院で知ったことを本にするつもりはまったくなかった。自分が知らずに描いていた少年院の実相や少年たちの息遣いがわかれば十分だと思っていたのである。

少年院のことを書き始めたのには二つのきっかけがあった。

篤志面接委員になった年の暮れ、少年院の忘年会で隣に座っていた西崎院長から「毛利さん、少年院のことを外に知らせてください」と耳打ちされたのである。

ほんとうに驚いた。

「そうか、書いてもいいのか！」

そのころ、愛知県の刑務所で起こった収容者に対する暴行事件を受けて、法務省が矯正施設の情報公開を進めようと決断していたことは後に知った。『家栽の人』の作者である、という信頼もあったのだと思う。その後、西崎さんとは四国少年院の院長になられてからも、おつきあいする機会があった。職員のやる気を大切にする優れた院長であり、篤実な法務教官の一典型であったことを僕は知ることになった。

その翌年のことだ、九州に移住したことがきっかけでおつきあいするようになっていた毎日新聞社福岡本部学芸課課長の高原克行さんから少年院のことについて書かないかとお誘いを受けた。佐世保小六女子殺害事件が起きてまもなくの頃で、いわば身内に被害者を抱えて、社会全体が真摯に少年事件と向き合っている状況のなかでの依頼であった。

毎日新聞西部版の紙上で、年に四回、ぽつりぽつりと少年院の様子を伝えることにしたのが本書の「育ち直しの歌」である。

その後、財団法人・矯正協会の『刑政』編集部・阿部厚一編集長から『刑政』誌上で『家栽の人』のような法務教官のマンガを連載できないかという打診があった。それがきっかけで始まったのがインタビュー「法務教官という生き方」と小説「法務教官・深瀬幸介の休日」である。マンガは絵を制作するコストがかかるため、インタビューと小説という二つの手法を使って法務教官の世界を描こうとしたのである。阿部編集長はお酒が大好きな豪傑で、いつも会うのが楽しかった。『刑政』という生真面目な雑誌に二つの異色な読み物が掲載できたのは、阿部さんの役人臭くない人柄が最大の要因だったと思う。

なによりも、インタビューを通じて法務教官の人生を垣間見ることができたことが作家として最大の収穫だった。他の媒体ではこれほど深く少年院のなかに入ることはできなかっただろう。

このように本書はほぼ同時進行でエッセイ、インタビュー、小説という表現形式を使って少年院をみつめたものである。時に主題やモチーフが重なっているのはそのためである。読者の御海容をお願いしたい。

一人の少年と半年から数年もの長い時間をかけて向き合い、少年の心に寄り添っていく少年院の濃密な時間を読者に共有していただければ幸いである。

二〇〇八年五月　国東半島にて

毛利　甚八

少年院のかたち

目次

第2部 法務教官インタビュー 法務教官という生き方

第3部

小説 法務教官・深瀬幸介の休日

カバー・表紙・別丁扉写真提供　中津少年学院
著者プロフィール（カバー）写真撮影　栗林直美
第2部「法務教官という生き方」写真撮影　毛利甚八

本書に登場する少年院など

※(　)内の数字は、本書第1部と第2部で登場する該当ページ数を指します。

第1部

育ち直しの歌
「少年よ　ウクレレを抱け！」

1 それはブルースの話で始まった

二〇〇五年の一月十三日、大分県のある少年院で成人式に列席した。

会場は少年院のなかにある体育館である。法務教官の先導でいくつか鍵のあるドアをくぐり、渡り廊下を通って体育館に向かう。法務教官のズボンのポケットには、腰にヒモでつながれた鍵と呼子（笛）が常に入っていて、少年院に来ると何回となくドアの開け閉めを見ることになる。

体育館に入ると、壁には紅白の垂れ幕が三方に張り巡らされ、院長や来賓が祝辞を贈る演壇には大きな生け花が飾ってある。フロア中央には七十数名の生徒が観客としてパイプ椅子に座っている。僕は篤志面接委員の一人として、教誨師や講師の方々と左脇の来賓席に座った。

成人を祝ってもらう収容者は二十名。少年院から借り受けた背広とネクタイ、革靴を身につけて正装した彼らは、大きく手をふりながら入場し、最前列の椅子に座った。

まず新成人者の紹介、名前が呼び上げられる度に、一人ずつ席を立ち、回れ右をして、客席に向かってペコリとお辞儀をする。みな坊主頭だ。出院の準備をしている者だけが、やや髪が伸びている。坊主頭のせいか成人にしては少し幼く見える。少し緊張しているようだ。

祝辞、記念品の贈呈、祝電披露、生徒代表のお祝いの言葉と式目が続くが、なんといってもクライマックスは成人者決意発表である。

「僕はこれまで両親に迷惑をかけてきましたが、これからは迷惑をかけないようにやっていきたいと思います」

「これからは一人前の社会人になれるようにがんばりたいです」

時にはつっかえたり、言葉を失いそうになりながらも、マイクの前でなんとか決意表明を終え、あたたかな拍手を浴びながら自分の席に帰っていく。

この少年院は知的障害のある少年が多く、このささやかな成人式で自己表現することも、彼らにとって社会復帰に向けた貴重な経験の一つなのである。

現在、全国にある少年院は五十三。中学生など年齢の低い少年が入る初等少年院（十四歳以上十六歳未満）、それより年齢が上の中等少年院（二十歳未満）、犯罪傾向の進んだ少年が多いといわれる特別少年院（二十三歳未満）、ケガや病気・精神疾患などの少年を収容する医療少年院（二十六歳未満）の四種類がある。処遇の内容によっては二十歳を超えても少年院に残ることもあるのだ。

大分県中津市にある中津少年学院はそうした機能を全て併せ持つ全国でも数少ない少年院なのだそうだ。

僕がこの少年院に篤志面接委員として出入りするようになったのは二〇〇三年の五月のことだ。ある裁判官の勧めだった。

篤志面接とは地域の有識者が少年の相談役になる制度で、元調査官・元教師・宗教家といった人が多く、一対一の面談が普通だという。少年院の暮らしや将来について、個室で悩みを聞く。そんなことが僕にできるのだろうか？

院長に聞くところでは傷害致死や強姦の罪を犯した少年もいるという。正直言って、びびった。マンガの主人公のように少年たちを改心させるなんて、とても考えられない。複数の生徒に、本や音楽の話をすることで許してもらうことにした。原稿を書くために悪戦苦闘している僕がその時その時に気になっている表現を一緒に味わっていくことが、少年にとっても自分にとってもベストだと思ったのである。

初回は寮の建物にある談話室のようなスペースで、十二人ほどを前に話をした。少年たちは地味な色の制服に身を包み、塩ビのサンダルを履いている。椅子に深く腰掛け、背筋を伸ばし、両手を硬く拳にしてふとももに置く。みだりに動いていけないと教えられているのだ。ただし、その目だけは興味津々で、長髪にジーンズをはいたオジサン（僕）をみつめている。

僕はＣＤを三十枚ほど持ち込み、自己紹介を済ませると白板に世界地図を描いた。テーマはブルースの成り立ちだ。

まずアフリカの黒人がアメリカ大陸に連れてこられた経緯をさらりと紹介。ギターがスペインで生まれたことを理解してもらうためにパコ・デルシア（フラメンコのギタリスト）を一曲。

北アメリカ南部に綿つみの黒人奴隷がいたことを語り、彼らの手にギターが渡るとどうなったか、ということでライトニン・ホプキンスのデルタ・ブルースを一曲。

やがて南部の黒人が北部の自動車産業の勃興にともなって移動、ブルースはエレキサウンドになった、それは白人社会を巻き込んでロックへと化けていく、ということでジミ・ヘンドリックスを一曲。それを尊敬する白人のギタリストが生まれてということでスティーヴィー・Ｒ・ヴォーンを一曲。

つまり差別を音楽で跳ね返していった人々を音で味わう講座なのであった。

それにしても、である。ノリのいい曲ばかり選んでいるのに、少年たちは相変わらず背筋を伸ばしたまま、握りしめた拳をふとももに置いて、無表情のまま、ＣＤラジカセをじっと睨んでいる。

「もしかして、ちっとも面白くないのではないだろうか」

不安になってきた。エレキ・ギターを弾きまくるフランク・ザッパをかける。ボリュームを上げる。二人の法務教官が後ろに座っているから、口には出せないが、「踊り出してくれないかなぁ」などと考えた。でも、やっぱり同じ無表情。

「難しいなぁ」

初回はぐったりした気持ちで家に戻った。

ひと月後、教育部門（職員室のようなところ）で、前回の感想文を読んだ僕は仰天した。一人ひとり、良かったと感じた音楽の感想がことこまかに書いてあったからだ。部屋で見た無表情と書いてある中身がうまくつながらない。しばらく、考えた。

「心のうちと外見がこんなに違うのか……」

恥ずかしいが、涙ぐんだ。

「表現がへたなんだなぁ」

以後の一年間、僕は少年たちの前で、石川啄木が貧乏に身もだえする歌を朗読し、宮本常一が採取した老漁師の聞き書きを声色を使って演じ、阿佐田哲也が子ども時代の劣等感を語るインタビューを読み聞かせ、般若心経をがなって見せ、ギターを弾いて歌ってみせた。覚えろとか、学べ、と考えたことは一度もない。社会に出た時に、彼らが「あっ、それ知ってる」と言えるものが一つでも増えるように、バナナのたたき売りよろしくアレコレと並べて見せたのである。

二十人の新成人のなかに、僕の話を聞いたことのある顔がちらほら見えた。彼らの素朴な決意表明を聞きながら、やがて彼らが少年院を出て、戻って行った地域社会で暮らすことを考えてみる。仕事があるといいなぁ。無事に、平凡に暮らして欲しいなぁ。

願いはただ、それだけだ。

そのためには少年院と社会が、互いに理解し合い、仲間意識や絆を感じることが必要だ。自分にそんな花を咲かせることができるとは思っていないのだが、土作りのつもりで筆を起こします。

よろしく御願いします。

2 「可愛い」と思わずにいられない

　篤志面接委員として少年院に出入りするようになって二年になるが、未だに解決できない悩みがある。月に一度、本を読んだり、音楽を一緒に聞いたり、ギターを教えてきたのだが、教室で出会う少年たちを可愛いと思う自分が不思議でたまらないのだ。

　少年たちのなかには、喧嘩した挙げ句に人の生命を奪ってしまったり、性犯罪を犯した子がいることを知っている。ところが目の前にいる少年たちの顔は、どこか漂白されたような純粋さに満ちている。拍子抜けする。

　僕たちは犯罪報道によって、マスメディアが強調した加害者の禍々しいイメージを心の底に抱いている。犯罪を犯す過剰なエネルギーを思い描いて、加害者を特別な人間だと思い込もうとしている。

　ところが少年院に行ってみると、少年たちの顔にそうした過剰な力をうかがわせる仕草はなくて、はつらつと生きるための方法を与えられてこなかった欠落感だけが目の前にあらわれる。寄辺《よるべ》のない無力な子どもがいるだけなのである。自分の子どもに感じる愛情とは少し違う、ややお節介な義侠心が心に湧いてくるのを感じる。

　このことは少年院に行ったことのない人にはわかってもらえないかも知れない。家庭裁判所で裁かれ、法務教官の監視のもとで暮らしているからこその「猫っかぶり」ととらえる人もいるだろうが、数カ月から二年にもなる少年院の暮らしを演技だけで生きていけるものだろうか。

　ある法務教官によれば、少年は貧困や不安定な家庭、交友関係に投げ込まれて混乱し、非行を犯すことが多い。強制的にそうした環境から引き剥がされ少年院に入った時、少年は落ち着いてようやく本当の孤独と向き合うことができる、それが自立の一歩なのだという。

その話を聞いた時、思わず僕はこう叫んだものだ。

「そうか、少年たちは少年院に来て初めて思春期をするわけですね」

僕のような外部の人間から見れば、少年院は団体行動が多いし、厳しい行進の作法や身体検査などを見るにつけ、孤独から縁遠いところと見えていたのだ。

法務教官は、少年院に収容された少年たちの監視者であり、担当教官として相談者であり、時には擬似的な親子であり兄弟であるという複雑な職業だ。彼らもまた、僕以上に少年たちを可愛いと感じるという。

そうした愛情が、非行を犯した少年を罰するよりも立ち直らせよう、育ち直しをさせようとする保護主義の理念を血の通ったものにしているのだが、最近は被害者感情と敵対するものとして白眼視されることが多い。甘いなどといわれる。

それでも、目の前にいる少年が可愛いと思うことを捨て去ることはできないのではなかろうか。人間として、ごく普通の暮らしや生きる喜びを感じられる大人になって欲しいと思う。自分を愛しく思う感情の延長線上に、自分の犯した罪に傷ついた人の痛みを知る回路があると思うからだ。

少年院での僕の役目は、真面目な生き方を教えてくれる法務教官とは違う。法務教官を父親だとすれば、ふらりとやって来て、息抜きの方法を教えてくれる奇妙な親戚の叔父さんみたいなものだ。

少年たちにギターを弾いてみせる。出院までのわずかな時間に教えるわけだから、一番の近道であるオープン・チューニングのブルース奏法を使う。和音（コード）の数が三つしかないし、和音を押さえる指使いも覚えなくて良い。とにかく弾いた体験を持って欲しいのである。

僕の弾くギターを聴いて、「すげぇ」と目を輝かせる少年がいる。

二十人の少年に三本のギターを渡し、練習をさせる。

一生懸命、ギターを弾き始める子がいる。

すぐに「おれ、弾けない」と尻込みして、ギターを返す子もいる。

「ギターが安物だから、うまく弾けない」と文句を言う子がいる。

一人、説明する度にあれこれ質問してくる子がいる。アスペルガー症候群ではないかと見立てられている子だ。

「先生、ぜんぜん、わかりません」

「四度と五度って、何のことですか？」

この子はお手本のブルースを聴かせると黒人特有の唸るような歌に反応して、一人だけ「ハハハハッ」と大声で笑う。他の少年たちが黙って聴いている時に、とんちんかんな質問を繰り返す。後ろで見守っていた法務教官が見かねて「少し静かにしたらどうだ」と肩に手をかけても、変わらない。

アスペルガー症候群の子どもの特徴は、言葉に対するこだわりが強くて、納得できないと、そこで判断停止状態になってしまうのだという。僕はこの子がけっこう好きである。四歳くらいの子どもととてもよく似ていて、自分に注目して欲しいだけのように見える。ギターの原理を説明している時はさかんに話しかけてきたのだが、いざ全員が一生懸命弾き始めると、暗い顔になってしまう。

「ぼく、弾けません」

「じゃあ、歌詞を書いたらどうだい？」

「何を書けばいいんですか？」

「少年院の暮らしを書いたらどうだい。それをみんなの練習しているブルースにして歌おう」

彼はもう、何も質問しなかった。他の少年がギターをかき鳴らすなか、一人黙々と詩を書き続けた。

二十人の中でなんとか弾ける子が一人。それらしい音が出る子が数人。まぁ、それでもいいではないですか。うまくなりたければ、少年院を出てギターを買えばいいのだもの。

たくさんある人生の喜びの、その一つの形を少年たちが知ったかもしれない。それは僕だけの独善的な喜びにすぎないのだが、ギターを買うことが真面目に働く動機になる子が一人でもいたら、望外の収穫だと思う。

3　法務教官という複雑な仕事

二〇〇五年春から法務教官にインタビューを行う仕事を始めた。

少年院を訪ね、一人の法務教官に仕事を選んだいきさつや少年との関係のつくり方などを根ほり葉ほり聞く。その聞き書きを、財団法人・矯正協会が出す月刊誌『刑政』に発表する。おもな読者は法務教官や刑務官である。

法務教官という仕事はなかなか複雑だ。

まずは事故が起こらないように、少年を見張る仕事がある。少年を戸外で活動させる時には、二、三人の法務教官が遠巻きに配置され、後ろ手を組んでじっと見守る。キャップ帽のひさしの影にある法務教官の目は鋭い。視線をどこかに集中させることなく、少年たちの誰ひとり視界から漏れることがないように広く見渡さなければならない。これを「視線内処遇」と呼ぶらしい。逃走事故を起こさないための大原則だという。

この法務教官は無表情で厳《いか》めしい雰囲気を放つ監視者である。ところが、同じ法務教官が少年たちの寝起きする寮に入れば、少年たちの書く日記を注意深くみつめ、心の変化を読みとり、さまざまなアドバイスをする。この時の法務教官は、少年にとって父や兄のような存在となる。

ある法務教官によれば、少年院における少年の心の動きは次のような経緯をたどるという。

第一期　少年たちの多くは家庭に恵まれず、大人に裏切られた末に少年院にやってくる。犯した罪も、理由があって仕方なくやったと考えている。

第二期　法務教官の指導を受け、いろいろな注意を受けるうち、「どうせ俺はそんなやつだ」と開き直る時期に入る。しばらくグズグズするのを法務教官は見守るしかない。

第三期　自分と同じような境遇の少年が処遇を受け入れて変わっていくのを見るうち、自分の問題に気づき始める。「俺はどうして、いつもこうなんだろう」と内省が始まる。

第四期　自分の問題をみつめ、「自分はこんな風に生きていきたい」と考えるようになる。

半年、十一カ月、二年など、それぞれに与えられた時間のなかで、少年はこのような心の成長を遂げて出院する。

これはあくまでおおまかなモデルであって、この通りにうまく行く少年ばかりでないことはもちろんだ。法務教官は行きつ戻りつする少年を叱ったりなだめたりしながら、出院という出口まで連れていかなければならない。

僕は法務教官という人種が好きである。少年たちを整列させ、点呼を行わせ、大声で掛け声をかけながらの行進を見守っている法務教官の姿を見ている時、特別な感慨を持つ。そのような大仰な全体行動が必要かどうかは疑問なのだけれど、「自分がこの仕事を引き受けることができるだろうか」と自問する。

毎日の仕事として、少年の逃走や自殺を防ぐために神経をとがらせ、少年たちとともに眠り、一人ひとりの心の動きに目配りする。

打てば響くような秀才を育てる喜びがあるわけではない。それでも少年たちの小さな成長を喜びとして、向き合う。

少年院という隔離された空間で立ち直っても、外に出て崩れた家庭に戻ったり、非行仲間に誘われて再犯にいたるケースもある。

ある法務教官は、退院する少年と握手を交わす時、「もうこんなところに来るな。平和に暮らせよ」と祈るという。自分の手を離れた以上、祈るしかない。

この仕事を彼らが引き受けてくれなければ、いったい誰がそれを担うのか。法務教官は今の日本ではあまり見かけなくなった、人の嫌がる仕事を黙々とこなす高倉健みたいな人たちなのだと思う。

「御願いします」と呟く自分がいる。

その一方で、時には法務教官たちが少年院を出て、法務教官が持つ非行少年に対する知見や対峙する技術を、広く市民に分け与えて欲しいと思う。

二〇〇五年現在、二〇〇〇年の少年法改正を受けて「五年後の見直し」が始まっているが、「長崎幼児連れ去り殺人事件」や「佐世保小六殺人事件」を受けて、十四歳未満の触法少年の取扱いが問題になっている。十四歳未満の少年を少年院に入れたり、警察が触法少年の事件を捜査できるように法改正しようという動きが急だ。いわば、すでにある機関に難しい問題を丸投げして済ませようという、ひどく後ろ向きな議論が進められているのである。

僕たちの社会がより平穏で豊かであるために、失敗した少年を排除して自分だけの平和を守ろうとする心の狭い社会にならないために、僕たちは法務教官たちの知っている非行少年の心を学ぶべきだし、法務教官が職業的に背負っている重い課題を分かち合う勇気を持つべきなのだと思う。

4 おこってごめんね

月に一度、少年院を訪ねる日がやってくる。午後、ギター二、三本を積み込み、三十分ほど車を走らせる。往来の多い国道側に、ベージュ色の防音壁が立っていて、それが少年院に入る目印だ。

三カ月ほど前、ギターを教える少年たちの顔ぶれがガラリと変わった。二十三名の初めてみる少年たちが並んでいた。

僕が受け持っているのは対人関係をうまく調整できないと判定された少年たちで、講座はおおよそ半年間で六回とされている。少年たちが変わったということは、第一期が終了してふた回り目に入ったということだ。

まずボブ・ディラン、ニール・ヤング、続いて素晴らしく情熱的なブルースギターを弾くスティーヴィ・レイ・ボーンのライブビデオを見せてみる。一つは音楽をやる形をイメージしてもらうため、一つはそれぞれの少年がフォークとエレキを使ったブルースのどちらをやってみたいかを探るためだ。

反応が鈍い。

二十三名のうちフォークをやってみたいと手を挙げたのが三人ほど、ブルースをやりたいと手を挙げたのが、一人。不和雷同的に遅れて手を挙げたのが三、四人。残りはやりたいともやりたくないとも言わない。ドヨーンとした顔で、仕方なく座っているという風情である。

ひと回り目には初めからやる気満々の少年が二、三人いて、彼らを教えながら全体を引っ張っていけば良かった。ところが核になる少年が見あたらないのである。困り果ててしまった。

そこで考えた。

ディランなどの古くさい歌が悪いのだ。第二回目の直前に、あわてて「ゆず」のベストアルバムと楽譜を買い求めた。ギターとブルースハープ（ハーモニカ）を軸に構成された楽曲だが、ディランの音楽性を継承していてテクニックも高い。

少年たちにＣＤを聴かせて、「これを弾けるようになろう」と言ってみると、俄然《がぜん》、盛り上がった気配だ。どれをやりたいか聴いてみると「夏色」という大ヒット曲がやりたいという。

弾く立場からすると、めまぐるしいコードチェンジと素早いコードストローク（ジャカジャカ弾くこと）を要求される難曲だ。もっとスローな曲を想定していたのだが、少年たちが望むならば仕方がない。

まずコード（和音）を覚えなければならない。後で困らないようにコードの循環理論を教えてから、Ｃ（ドミソ）とＦ（ファラド）とＧ７（ソシレファ）のコードを教え始めた。

ところが、一つ目のＣの押さえ方を覚えられない。左手の四本指を使うところを三本指に減らして何度も押さえてみせるが、まともに弾ける子が一人もいないのだ。

少年たちの指を握りながら、指の角度や姿勢を一つずつ修正していくのだが、あらためて少年たちの指をみつめると驚くほど細い。遊びや労働の手伝いなどを通じて指をまめに動かすという体験がひどく欠落しているのだろう。ひどく不器用だ。

この有様では「夏色」を四小節弾くことさえ難しい。

「指使いが簡単なブルースにしておけば良かった！」

そう僕は後悔したが、少年たちが興味を示さないのだからどうにもならない。月一回の講座だけでなく、彼らが寝泊まりする寮にギターを置いておけば、ギターに慣れてくれるはずだが、少年院側は管理上の問題で置けないという。夜の自由時間に音を出して、諍《いさか》いの原因になったら困るということだ。過剰収容のツケがこんなところにあらわれてくるのだ。

少年たちの数も多すぎる。ギターがなかなか回らない。一人の少年がそれらしい音を出した時点で、次の少年に渡すよう指示する。

「さぁ、次の人、前に出てきてギターを弾いて」

シーンとする。ギターを弾くことに意欲を見せない子が多いのだから無理もないし、少年院にいる子たちは総じて成功体験が少ない。挑戦して失敗するところを人に見られるのが、おそろしい。ちょっとギターをさわってみて、「もう、いいです」とギターを手離そうとする少年もいる。

一時間半が何の成果もないまま、ダラダラと過ぎていく。さぁ次の人、と声をかけても知らんぷりして押し黙っている。

「いいかい。人数が多いから、尻込みしていると、その次の人が弾けなくなるんだ」

つい声を荒げてしまう。ブルースやフォークは貧しい人たちから自発的に生まれてきたもので、そもそも人に丁寧に教わるような技術ではないのだから、などと、いらない説教までしてしまう。僕がキレたことは生徒たちに敏感に伝わったようだった。

「怒られちゃった」

一人の生徒が鼻白んだ顔で呟いた。

それを見たとたん、血の気が引くような後悔に襲われた。

僕の通う少年院は、知力や精神安定の面で問題を抱える少年たちが集められた場所であり、それは知っているつもりだったのだが、ギターを教えているうちに僕自身の目標を設定してしまい、それがままならないことに腹を立てている。自分自身が情けなくなった。月に一度、お節介でギターを教える人間が、少年院の現実をやっと知っただけなのだ。

ひと月後、僕はウクレレを二本持って少年院を訪ねた。ウクレレはギターと同じ調絃のシステムで、いわばギターの縮小版だ。四本の絃しかないので、Cコードが一本の指で弾ける。

少年たちが突然リラックスしたのがわかる。ためされてないからだ。全員がウクレレを珍しそうにかかえ、ポロンという音を出している。「夏色」ははるか遠くだけど、それもいいか。

おこってごめんね。

5　東北少年院の出院式

ある少年院で出院式を見た。

体育館に六十数名の少年が、寮ごとにいくつかの隊列をつくり規則正しく並んでいる。それぞれの隊列の前には厳粛な顔つきの法務教官が一人ずつついていて、点呼を取る。隊列は二列になっていて右列の先頭からイチッ！、ニッ！、サンッ！　と勇ましい声をリレーする。最後尾の少年が数え終わると、左列の最後尾の少年がマンッ！　またはケツッ！　と叫ぶ。たとえば右列の少年が十人いたとして、マンは最後尾に二人が並んでいることを示すから合計二十人。ケツは最後尾が二人おらず、奇数になっていることを示すので、合計十九人という具合である。

点呼を聞き終えた法務教官は帽子を脱ぎ、すばやく担当している隊列の人数を報告し、「異常ありません」と言い添える。訪ねたのが少年の基礎能力が比較的高い中等少年院だったせいか、点呼や隊列の組み方がカッチリしていた。

収容者の少年がそろったところで、体育館の入り口から、仮退院をする三人の少年が入ってきた。収容者は作業着に坊主頭だが、仮退院をする少年はブレザーにネクタイ、頭髪がやや伸びている。少年院の処遇の最終段階に当たる出院準備期間には、社会に戻った時のために、少年は髪を伸ばすことを許されるのだ。

三人もの少年が同時に出院式をやるというのは大変珍しいという。うち二人はその日に少年院を発っていく。三人は前に進み、それまで一緒に暮らしてきた少年たちに対面した。そして、直立不動のまま挨拶を始めた。

「ぼくは、これまで、先生（法務教官）たちにいろいろ教えてもらったのに、自分の悪いところを認められずに……、気持ちを変えられず、少年院の生活を過ごしてしまいました。これからは自分なりの目標を持って、社会に戻ってからも誘惑に負けず、精一杯がんばって生きていこうと思います」

しゃべるのは、おおよそこのような内容だ。時には世話になった法務教官の名をあげたり、具体的な未来の職業を口にしたりするが、話の中心は何といっても、グズグズと自我に固執して変わることのできなかった少年院の暮らしを悔やむことだった。

高校の上級ほどの年齢に見える三人の少年が、仲間の少年たちの目の前で、そろって涙を流し、嗚咽《おえつ》をこらえながら自分のいたらなさを懺悔《ざんげ》したので、その素直さに驚いてしまった。

ここ十年ほどの間に僕たちが抱いている、無表情で心の抑揚が感じられない十代の少年のイメージとはほど遠い。昭和四十年代の青春ドラマに出てくる高校生のようだ。

これは別の少年院の話だが、仮退院をする少年が少年院の玄関で、法務教官と抱き合って泣いているのを見たこともある。感激、という感情は最近なかなか目にする機会がないけれど、当の少年が仮退院に当たって感激してしまうような体験や人間関係を、ただ一人、少年院という矯正機関は持ち続けているらしい。

少年院には、その教育に二つの大きな柱があるようだ。一つは行進や点呼などに見られるカタチに異様にこだわる様式性（ある意味での強制力）。いま一つは授業や寮生活を通じて法務教官が少年一人ひとりの内面に日常的に寄り添い、デリケートな関係を保ち続ける親密性だ。どちらも、良かれ悪しかれ今の日本に欠け落ちている要素である。少年たちは、食事も風呂もおしゃれも娯楽も、おしゃべりさえも厳しく制限された暮らしを一年、二年と過ごす。そして法務教官という古風で男臭い人々と、みずからの家族関係を語り合ったり、内観療法やロールレタリングという心理技法を通じて自分の内面と向き合ったり、職業補導を通じて仕事のひな型を体験する。

それを終えた少年には、おそらく今の日本社会の日常生活を送るよりは、十代の少年らしい心の遍歴を経た実感があるのではないだろうか。僕は少年院を誉めようとしているわけではなくて、少年院を訪ねる度に日本の家庭や地域社会が失ってしまった教育機能をまざまざと発見して、歯がみしているのだ。

僕が出院式を見たのは、母を殺害し少年院に送られたことのある青年が二人の女性を殺害したとして逮捕されたニュースが流れた朝のことだった。少年院の教育効果に対する疑問が、多くの人の頭をかすめたことだろう。

しかし、より深い問題は少年院よりも少年司法全体のバランスにあるようだ。事件を起こした少年は、一般的に警察、家庭裁判所、鑑別所、少年院、保護観察所という順に身柄を預けられ、保護観察所の監督下で社会復帰をはかることになっている。少年院を出た少年が保護観察を受けている間、書類を預かるのは保護観察所の保護観察官だが、保護観察官の実働人員は七百人といわれている。七百人の保護観察官が日本全国の成人刑法犯の保護観察を行いながら、少年の面倒も見ている。そのため、ボランティアである約五万人の保護司に任せることが多く、プロが少年の社会復帰をきめ細かく援助することは難しい状況だと聞く。

少年事件に限らず、捕まえ、裁き、教育する（または懲《こ》らしめる）までは熱心に予算と人材が投入されても、社会復帰には驚くほど淡泊な政策がとられているのだ。

　少年院を出た少年が社会復帰を果たすということは、社会がより安全になることを意味する。安全に対するコストを「甘やかし」と混同したままでは、少年院で行われた教育は無意味になってしまう。出院式で流した涙を、本物の人生の覚悟に育てるのは少年院ではなく、少年が立ち戻る社会の役目なのだ。

（追記　保護観察官の数は、平成十七年度に七百六十一人であったが、その後、年々増員され、平成二十年度現在八百五十二人となっている。）

6 少年よウクレレを抱け

少年院の子どもたちとつきあうようになってから、もうすぐ三年になる。

はじめは本を読み聞かせたり、音楽を聞かせたりしながら、自分の好きな世界が少年たちに通用するものか「相手の手の内を探る」ような関係だった。

やがてギターの弾き方を教えるようになると、「ああしたい、こうしたい」と教師的欲望が生まれ、現実とのギャップに躓《つまず》きそうになった。

今はウクレレを教えている。ウクレレのほうがギターよりも指の使い方が簡単で、少年たちにとって第一歩が踏み出しやすいことは以前にも紹介したが、その後、院長先生が少年たちにウクレレを四台プレゼントしてくれたので、格段に授業がやりやすくなった。

まずはＣコードを覚えてもらう。おおよその子はすぐに押さえられる。

ウクレレは天使の楽器だ。親指でポロロンとつまびくだけで音楽になる。

一人ひとり、みんなの前で音を出してもらう。技術的な壁が低いから、ギターほど尻込みしない。はじめは指が硬くて、ぶきっちょな強い音が出る。

「楽器の音は無限だよ。荒々しく弾けば荒々しい音になる。そっと弾けば優しい音になる。楽器から出る音は君の音だ。もっとそっと弾いてごらん。そして、自分の音に耳を澄ましてごらん」

そう励ますと、どの子も、強く、弱く、優しく爪弾いて、自分の音を探すようになる。約二十人の少年がそうやって、一人ずつ音を出したのがほんの二カ月前のことだ。

少年たち全員が自分の出す音をじっと聴いている様子を目にして、それはそれは感動しましたよ。ここまで来るのにたっぷり二年かかりましたから。

ただ、あれこれ悩んだ僕としてはもう焦らない。目的は楽器を上手に弾かせることではないとわかったからだ。

少年たちがウクレレを弾くことにはさまざまな意味と効用がある。指を自在に操ろうとすることで、少年の身体と頭をつなぐ回路が刺激されるし、楽器を弾けたという自信が、劣等感を和らげてくれるだろう。

そして少年院で月に一度ウクレレを抱きながら、世界観を広げてくれればいい。

少年たちにはできるだけ変な歌を聞かせる。

なぎら健壱さんの「悲惨な戦い」はお相撲さんのマワシが落ちる歌だが、たっぷり笑わせた後、決してズバリと語られているわけではないのに、なぜ笑うのかを考えてみる。僕たちは想像力で笑っているのだと知ってもらう。

大阪のフォークシンガー趙博（チョー・パギ）さんが在日訛りで歌う「ヨイトマケの歌」を聞いてもらう。「ヨイトマケの歌」は昭和四十一年に作者の丸山明宏が歌って大ヒットさせた曲で、工事現場で働きながら自分を育ててくれた母親に対する感謝が赤裸々に歌われる。差別用語が含まれているとして放送禁止歌になったこともある。

趙博さんはこの歌をパンソリの太鼓を伴奏に、在日一世の朝鮮語訛りの日本語で歌う。テレビで流れる歌とはひと味ちがう深い表現があることを知ってもらいたいからだが、なによりも「ヨイトマケの歌」に出てくる「おかぁちゃん」はかなりの確率で少年たちの心を揺さぶるようだ。

「歌も暴力も同じ表現だ。だけど歌には社会が伝えてきた様式と技術が含まれている。だから一人が歌った時、他の人たちも歌を聞いて同じ気持ちになれる。芸術は他の人を乗せることのできる船のようなものなんだ」

ヤンチャに騒いで授業をかき乱す子や少年院の生活を即興の歌詞に仕立てて、牧伸二の「あぁ、やんなっちゃった」（元歌はハワイアン）の節で歌ってみせることもある。

「今日も元気な○○くんは／長崎生まれの陽気な男／ヤンチャしてるが心は優しい／仮退院までがんばれよ／あぁ、やんなっちゃった／あぁーあ、おどろいた」

こんな簡単な歌だが、なにもなかったところにムクムクと歌が生まれるから、全員が驚きまじりにドッと笑う。

わずかな技術で自分の思いを歌にできることを知ってくれればそれでいい。

少年たちに必要なのは、生きることを支えるイメージの引き出しだ。たくさんのイメージがあるなかから自分の生きる型を探すことが彼らの本当の仕事であり、更生につながる道だと思う。

無駄な知識でいっこうにかまわない。ウクレレを抱えて少年たちの前に立ち、その場所で生まれる空気を歌にしたり、言葉にしたりして、自分をさらすしかない。

7　置賜《おいたま》学院での作文指導

二十数名の少年たちの、穏やかな顔が並ぶ。

やや伸びた丸坊主の頭、半袖の白いワイシャツにスラックスをはいて、スチールの勉強机に座った姿はごく普通の高校生が……、いや、茶髪やズボンをおしりの割れ目まで下げている子はいないから、チョー真面目な高校生が並んだ教室という感じだろうか。

そこは山形県米沢市にある置賜《おいたま》学院という初等・中等少年院だ。主に家庭裁判所で六カ月程度の短期処遇の決定を受けた少年たちが収容されている。殺人などの重い罪を犯した子はおらず、窃盗の割合が高いのだという。

二〇〇六年の四月、置賜学院に友人の法務教官が赴任した。その院長が僕の書くものに興味を持たれたようだ。友人を通じて、少年たちに話をしに来てくれないかと誘われ、訪ねたのである。

少年たちに作文を書いてもらった。テーマは「僕の好きなもの」。

表現の手順を知ってもらうのが目的だ。

一、プランを立てる。社長の時間。

二、プランの素材を吐き出す。探検家の時間。

三、素材を組み立てる。芸術家の時間。

四、推敲（点検）をする。編集者の時間。

二時間半を、四つに区切って使うことを説明し、何を書くかを考えてもらう。少年たちは渡された白い紙にメモを取り始める。音楽、バイク、格闘技、家族。十代の少年らしい項目が多い。

「音楽が好きだと言っても、世界中にたくさんの音楽があるよ。誰の何が好きか具体的に書くものを絞り込もう」

「格闘技のプライドが好きなら、どの選手のどんな試合が好きなの。それはいつの試合で、どんな内容だったの？」


表現することは茶のみ話とは違う。好きだという言葉に責任を持ち、どこがどんな風に好きなのか説明しなければならない。書いたものを読んでもらうことは、相手に「結婚してください」と宣言するくらい真剣な行為なのだ、と僕は言った。

もちろん少年たちにそれを押しつける気はない。ただ、そういう気迫でやらなければまともな表現は生まれない、と信じて生きている僕を見てもらう。少年たちが僕を見て、「嘘だろ、馬鹿馬鹿しい」と判断するなら、たぶん僕はそういう男なのだ。

「相手が少年だから」という理由で、少年に合わせてレベルを下げたつもりの言葉など、彼らには通用しない。法の力で私生活を奪われた少年たちと、そうでない僕の間に通じるものがあるとすれば、互いにギリギリいっぱいの場所で生まれる言葉だけだ。


どこかからやってきたオジサンに途方もない要求を突きつけられて少年たちは頭を抱えている。幸い、二人の少年が一時間の間に作文を書き上げた。

一つは「旧車」と呼ばれる、二十年ほど前に製造されていたバイクの排気音が好きだという作文。一つはお父さんと一緒に出かけた釣りの面白さを語った作文だった。

いよいよ推敲に入る。彼らの作文を読み上げて、うまくいっている文章と言葉の足りない文章を点検していく。

「へぇ、スズキのＧＳＸというバイクの排気音がいい音なんだ。どんな音？」

「うまく言えないんですけど、ブルルルゥって感じで」

「高い音なの低い音なの？」

「低い音です」

「きっとシリンダーの大きさやピストンの回転数のせいだよね。理由はわかる？」

「わかりません」

「もし君が中古バイクを売るセールスマンだったとしよう。お客さん、このバイクはすげぇいい音なんですよ、と薦《すす》める。お客さんが、どうしてそんな音が出るの、と聞いた時、君がサァーッて首をかしげたら、お客さんはバイクを買ってくれるかな？」

少年は笑った。

「買ってくれません」

「古いバイク雑誌を捜せば、そこにＧＳＸの性能やエンジンの性格が書いてある記事がみつかるよね。少年院を出たら、排気音の秘密をきちんと調べて欲しい。それを追究して、わかった時に、君の好きなことがもっと確かなものになるんだ。作文をうまく書くために、これを教えているのではないよ。世の中に出て、仕事をしている人は、みんなこうして生きている。何をやればいいかを考え、調べ、試して、自分の生き方を創造して行くしかないんだ」


授業のあいだ、ずっと外の景色を眺めている少年がいた。「反省の作文なら上手に書いてもいいけど、自分の心を書くのはイヤだ」と考えたらしい。吐き出したものを僕に評価されることが怖かったようだ。彼は話の中身を理解して、書けなかった。それもまた一つの体験だ。

釣りを語った作文は「釣りとはリールのついた竿などを使って魚を釣ることです」という丁寧な説明

から始まっていた。授業の始めに、文の冒頭は相手に話を聞いてもらうための挨拶であると教えたことをきっちり踏まえた書き方で、思わず「君は偉い！」と叫んでしまった。

お父さんと二人で初めて海に釣りに行った思い出が書いてあり、釣りの楽しさが五段階に分けて書いてあった。出かける前の想像する楽しみ、仕掛けを投げ入れて当たりを待つ楽しみ、当たりを見る楽しみ、魚とやりとりする楽しみ、釣り上げた時の喜び。

「すごいな。ちゃんと分析して書いてあるよ。これに食べる楽しみを加えたら、完璧だったね」

彼は嬉しそうにうなずいた。

この少年は、僕に会う前から心が開かれていたのだと思う。少年院の縛られた暮らしに抵抗を感じ、葛藤した後に受け入れ、たまたま自分の外にあるものに関心を持ち始めた時期に授業を受けたのだろう。おそらく釣りの作文を書くことによって、お父さんとの絆《きずな》を確かめたはずだ。

少年院に入るということは、振り回されていた日常や家族関係から離れ、少年が別の角度から再び自分の日常や家族を見直す心の旅をすることだ。その旅の途中で、僕と釣り好きの少年は喜ばしい出会いを持ったのだ。

8 北海道沼田町の社会復帰施設問題

二〇〇六年八月下旬のある日、東京で会食をしていた僕の処へ、脚本家の清水有生さんから電話がかかってきた。清水さんは僕が原作を書いた漫画『家栽の人』がテレビ化された際の脚本家であり、朝の連続ドラマ『すずらん』の脚本家だ。

「実は『すずらん』のロケでお世話になった北海道・沼田町の青年たちから頼まれて電話しているのだけれど、今度、町に少年院を仮退院した少年たちが農業をやりながら社会復帰をする施設を作る話が持ち上がっていて、町がもめているらしいんですよ」

沼田町は旭川市の西にある農業の町だ。三千ヘクタールを超える水田があり、「きらら３９７」や「ほしのゆめ」の一等米をつくる米の名産地だという。もちろん東京と地方の格差が広がるばかりの現況では、農業だけでは町の財政は成り立たない。過去には自衛隊の弾薬庫を誘致した実績があり、以前から刑務所の誘致を積極的に行ってきた経緯があった。

ところが刑務所建設が他県に決まり、落選したところに突然、少年院を仮退院した少年たちを受け入れてくれないか、という話が持ち上がった。少年たちが自立と社会復帰をはかる農園を町で引き受けてくれというのだ。法務大臣から町長へ直々の電話が入るほどの強い要請である。

しかし、刑務所と違って塀がない。マスコミが喧伝《けんでん》する怪物のような少年たちが町をうろつけば、沼田の子どもたちは安全に暮らせるのだろうか。そういう不安に町が揺れているのだという。

「町の青年たちが、毛利さんに少年院の子どもたちの話を聞かせて欲しいと言っているんです」と清水さん。

電話を受けた時、僕は日本弁護士連合会主催の研究会に出た直後で、少年院を仮退院した少年たちの保護観察と社会復帰支援の充実を訴えたばかりだった。言葉にしたばかりで、北海道行きを断ったら嘘つきになってしまう。絶妙なタイミングの電話だった。会食の隣席には民間自立支援施設「三宿　憩いの家」の元寮母・三好洋子さんがいる。三好さんは僕がもっとも尊敬する、非行少年たちの慈母と言える人で、少年たちの社会復帰のプロセスを地道に支えてきたプロだ。

「三好さん、こんな話があるのですが、三好さんも北海道に行きませんか？」

「わたし、九月の中旬なら北海道を旅行しているよ」

というわけで、僕たちは沼田町で落ち合い、講演をすることになった。

町民ホールの会議室に集まった約二百人の人々の表情は硬かった。

僕は、少年事件の数は、戦後から昭和四十五年頃の事件数に比べ減少していること、少年事件の質や残虐性も変化しているわけではないことを、山本健治さんの労作『年表　子どもの事件　１９４５－１９８９』（柘植書房）から新聞の見出しを読み上げて説明した。

現在、実働人員七百人といわれる保護観察官が、年間十二万六千人もの保護観察を行っている（平成十七年、前年からの繰越を含む）。そういうなかに少年院を仮退院した一年間約四千九百人（同年）の少年が含まれている。社会復帰支援が手薄になるのは当然だ。少年司法は捕まえて、裁き、少年院で教育するまでは熱心だが、法で定められた収容期間が過ぎると、冷淡だ。

こうした保護観察のひ弱さを克服するためのモデル事業として沼田町が選ばれたのだ、と僕は言った。非行を犯した少年たちを知ることは、子どもを育てるとは何かを知る絶好のチャンスで、もし町民が一体になって非行少年たちをバックアップする地域作りを果たせるなら、沼田町は全国で唯一の深い子育て文化を持つ自治体になる。

「子育てや少年事件や立ち直りに関する本や映画、資料を徹底的に集めて、全国の非行で悩む親御さんや少年たちが遊びに来た時に、人生を考え勉強できるような土地にしてください。そうすれば全国から人がやってきます」

僕の話が終わって、三好洋子さんと長くボランティアとして「三宿　憩いの家」に関わってきた女性が話し始めると、会場は和やかな雰囲気になった。

三好さんは小さな体で、とても快活な人だ。

「こんな人が非行少年と向き合ってきたのか」という驚きが、会場にいる人々の世界観を変えてしまう。それは僕が三好洋子さんと出会った時の感動と同じものだ。

「非行をする少年は寂しいだけなんですよ」

三好さんの言葉が届いたようだ。数カ月の間、町民の肩にのしかかっていた未知のものに対する恐怖はぐっとやわらぎ、会場のあちこちに笑顔がのぞいた。

後は法務省の誠実な対応を期待したい。少年たちが地域に暮らしながら自立の道を探るということは、当然のことながら、少年の失踪や町民との小競《こぜ》り合《あ》いなど小さな失敗が含まれているだろう。失敗を怖れて監視や規律を強めれば、社会復帰とは程遠い、見せかけの優等生施設になってしまう。役人の衣を脱ぎ捨てて、町の人々の輪に飛び込んで欲しい。地域の人々の情けと助力なしには、社会復帰のひな形など作れるはずもない。

さて、講演後、僕たちを招いた沼田町商工会の青年たちと飲んだ。働き盛りの男たちが十数名、お互いの結婚の経緯や失敗談を肴に朗らかに酒を酌《く》み交《か》わしている。僕は二十数年にわたって地方の取材を続け、日本を二周したけれど、目の前にいる青年たちのように仲の良いグループを見るのは初めてだ、ということに気がついた。

なぜ、こんなに仲がいいんですか？

そう聞いてみると、祭りのお蔭だという。八月の終わりに行われる「夜高《よたか》あんどん祭り」は長さ十一メートル、高さ七メートル、重さ五トンにもなる壮麗な山車《だし》で、商工会・農協・自衛隊・学校などが各自制作した山車を祭りの日にぶつけ合って破壊する祭りだという。和紙を蝋染《ろうぞ》めして作る巨大なあんどんを、青年たちは仕事を終えた夜を使い、三カ月かけて制作する。そうして共有された利害を超えた時間が、彼らの親密さを醸成《じょうせい》しているのだった。

「ここは選ばれるべくして選ばれたんですよ」と僕は言った。「あなたたちの祭り、こうしてお酒を飲んでいる姿こそが、少年たちが一番求めているものだと思います」

9 「一ミリ」の働きかけ

僕が月に一度通う少年院もめっきり寒くなった。

少年たちが赤い手袋を持っていたので「これから草むしりでもするの？」と聞いたら、笑われてしまった。防寒用に支給された手袋だという。

少年院では身体を温めるお風呂は週に二回だ。甘い生活ではない。それでも少年たちは元気そうである。少年院はある面では窮屈だが、食べる眠るという基本が安定している場所だ。質素ではあるけれど不安定な貧困から切り離され、家族の不和または崩壊という精神的拷問からも隔離される。少年院が万能だとは思わないが、その効能はたしかにあるようだ。同じ顔ぶれと数カ月つきあううちに、少年たちが落ち着きを取り戻しているのが顔つきでわかる。

ウクレレ教室の受講者は十七、八名の少年たちだ。数カ月のあいだメンバーが固定しているためか、少年たちはリラックスしている。僕にも彼らの個性が見え始めた。

いつも鼻歌を歌っている陽気なPくん。

メガネをかけた目をきょろきょろ動かしながら、授業のなりゆきを批評的に見守っているQくん。

ただひたむきにウクレレを抱きしめて、自分の練習に打ち込むRくん。

「先生（僕）が成人式で、ウクレレ弾いて君が代を歌えばかっこいいです」と奇抜《きばつ》な提案をするLくん。

授業は少し高度になった。歌を歌うために三つのコード（和音）を覚えなければならないので、どうせならと指使いの難しいGから始める。

「このＧさえ押さえられるようになったら、あとは簡単だ。人差し指と中指と薬指を使った三角形だ。これを逆さまにするとＧ７になる。ＣとＦとＧ７、ＧとＣとＤ７を押さえればフォークが歌えるし、Ｇ７とＣ７とＤ７を押さえればブルースが弾けるよ」

「きよしこの夜」の冒頭の八小節の歌詞とコードを白板に書き出し、歌って見せる。

楽器を使って音を出すということは、ここの少年たちにとって大事業である。ＣとＧ７のコードを、一人ひとりの指をとって指板に導き、音を出してもらう。腕を引き、背中を伸ばさせてウクレレの正しい持ち方を固める。コードを押さえた指を直角になおし、少年の指をこちらの指で押さえつけて澄んだ音が出る感覚をつかんでもらう。

「文化には型というものがあるよ。これはルールとは違うものなんだ。ルールは人と人が社会で生きていくための約束のことだ。型は音楽とか踊りとか芸の世界に生きる人たちが長い時間のなかで何代にもわたって繰り返し試した末にみつけた発見や知恵のことだ。ウクレレの構え方とか指の立て方は、芸をきちんとこなすための型だ。型を身につけて、それを自然にこなせれば、芸は自由に近づいていく。何も考えずにコードが弾けた時、好きな歌が歌えるようになる。型のない自由というものはありえないんだ。できないことはしなくていい。指一本でＣのコードが押さえられるなら、まず大きな、いい音を出そう。いい音が集まって音楽になるんだから」

少年院にいるうちにうまく弾いて欲しいという気持ちはない。仮退院をした後、人生のどこかで「自分にもウクレレが弾けた」と思い出して欲しいのである。

「ちょっと聞いて」と僕はいう。「このウクレレは国産として最高級だけれど十万円で買える。

（エェーッ、と驚きの声）五万円出せば、けっこういいウクレレが買える。僕としては車のエアロパーツとかアルミホイールにお金を使うよりウクレレを買って欲しいんだ。車はただのステータスだけど、楽器は自分が弾けなければ価値がない。楽器を弾けるほうが、女の子にもてると思わないか？」

僕の極端な物言いに慣れてきたせいか、少年らはニヤニヤしながら受け流している。ところが、消極的で気の弱そうな少年が意外なことを言う。

「でも車にひっかかる女の子もいます。車にウーハーとか積んでると、けっこう女の子がそれに乗りたがるんです。ヤンキーとかの集会で、僕は見ました」

「そういうもんかな」と僕。

「絶対そうです」

僕はさらに尋ねた。

「車はないことにして、二人の男の子のうちウクレレが弾ける子と弾けない子がいたら、どちらがもてる？」

彼は僕をはっしと睨んだ。

「顔で選びます」

めったに表現しない子がムキになって発言するのが嬉しくて、僕は笑った。

「そうか。君には負けたな」

二〇〇六年十二月に『永山則夫　聞こえなかった言葉』（薬師寺幸二著　日本評論社）という本が出版された。

永山則夫は、十九歳だった一九六八年、わずかひと月のあいだに東京、京都、北海道、名古屋で四人を射殺して、連続射殺魔と呼ばれた少年だ。当時、本人の書いた本がベストセラーになったこともあって、永山は戦後もっとも有名な非行少年であり、実名で語られてきた特例的な存在だ。

『永山則夫……』は、現役の家裁調査官が（実は永山より一つ年下の同世代）、死刑となった永山が残した小説群を手がかりに、殺人事件を起こす前の永山少年に架空の調査・面接を行ってみるというSFのような企《たくら》みを行ったものだ。

「永山はなぜ、あのような犯罪を犯してしまったのか？」

「もし、立ち直らせることができれば、どの時点だったのか？」

ベテラン調査官の目が生育歴を読み解いていく姿に魅了《みりょう》されながら、僕たちはさまざまなことを知ることができる。設定の奇抜さとは裏腹に、手堅く実践的な本である。この本にすてきな言葉があった。

《調査官の役目は少年たちをほんの一ミリでもよい、再犯から遠ざければそれで十分である。その一ミリが明日は一センチになり、一年先には一メートルになる。一メートルは再犯防止には十分な距離なのである》（百十五ページ）

多くの非行少年と向き合ってきたプロの自信と技術に裏打ちされた言葉だが、僕たちの市民生活にもかかわってくる言葉に思える。公園にも、学校にも、コンビニの前にも「一ミリ」の働きかけを待っている子どもたちがいる。

僕が少年たちに教えるウクレレも、その「一ミリ」の一つにしたい。

10　少年院でＣＤをつくる

二〇〇七年三月の下旬、少年院に録音機材をどっさり持ち込んだ。

歌や演奏を別々に録音して音量や音質を調整できるマルチトラックレコーダーやコンデンサーマイクなどの録音機材。再生用のアンプやモニタースピーカー。これらを体育館の片隅に置いた会議机に並べ、接続して即席の音楽スタジオをつくった。

昼食のあと、体育館に入ってきた少年たちは、珍しそうにマイクスタンドとコンデンサーマイクをみつめている。

僕は言った。

「今日は本番です。まずメインボーカルを録音します。それからウクレレ。最後に二組に分かれて、コーラスを録ります。ここにあるマイクはとっても敏感です。自分が歌う時は、歌以外に咳払いをしたり、歌詞カードをひらひらさせたりしないでください。そして、他の人が歌っている時には絶対にしゃべらない。わかりますね」

僕にとって音楽はあくまで趣味の領域だ。その日、機材の使い方を思い出すために朝の四時半に起きて、ひと通りの操作を復習した。それから自宅で機材をバラバラにして車に積み込み、再び体育館で組み立てる作業をしている。すでにクタクタである。しかも、少年院の体育館にスタジオを設置する機会は滅多にないから、録音の失敗がないよう、とても緊張していた。

まずＰくんがヘッドフォンをはめて、マイクの前に立つ。少年院の治療処遇という授業枠をつかいウクレレを教えてきたが、授業のなかでPくんを励まして書かせた歌詞があった。その詞に曲をつけ、録音してCDをつくろうというのである。こんな歌だ。

初めて　おまえにあった日に
おれに天使がまいおりた
この日がくるとわかってた
おれはおまえに　ひとめぼれ
おれはくちべただけど
おまえを愛してる
だけど好きといえない
いつか　けっこんしよう

歌をつくり、ウクレレが弾けるようになったらCDをつくる計画は少年たちに話してあったが、具体化は二〇〇七年の年明けになってから。あるコンピューター用の音楽ソフトを買ったのがきっかけだ。このソフトでPくんの歌のカラオケをつくり、少年院に持ち込んだのは一月のことである。

ゆったりしたバラードのアレンジで、ドラムやピアノ、ストリングスの入った演奏を聴いたPくんは言った。

「歌ったら、このCDをもらえるんですか？」

「もちろんだよ。君の歌だもの」

というわけで、Pくんは二カ月間、週一回の歌の練習をした後に、録音に臨むことになった。ウクレレの練習に熱心なRくんに伴奏を入れてもらい、他の少年たちにはコーラスを担当してもらう。

しかし、こんなひと騒動もあった。カラオケを聴いたとたん、「僕が歌いたい」と少年が二人名乗り出たのだ。CDの制作は歌つくりやウクレレの練習の後についてくる結果にすぎないが、生々しい素材にふれて「自分のCDをつくりたい」という欲望が芽生えたようだ。

　僕は原則として、歌を作った人が歌うのが当たり前と答えていなそうとしたが、歌い方を指導しているうちに、僕が「背筋を伸ばして」「顎を引いて」と熱烈指導したものだから、Pくんがヘソを曲げて「歌うの止めた」と椅子に座り、うつむいて貝になってしまった。法務教官の言葉では「固まってしまった」のである。

　そこで話がややこしくなった。Pくんがストライキを起こしている間、仕方なく二人の少年にカラオケをバックに歌の練習をさせた。その歌を聴いているうちに、再びPくんが「やっぱり歌います」と復活した経緯があったため、「誰が歌うか」という点で、思いの残っている少年もいる。

　もちろん、こういうサザナミこそが、モノを創造している時の得がたい体験なのである。


　録音はまずまず順調に進んだ。Pくんは教えられた通り、言葉の意味を意識して、はっきりとした声で歌っている。

　次の歌詞は僕が補作した二番である。

初めて　おまえとケンカした
おれはあやまれなかったよ
ひとりぼっちのまいにちが
さびしくって泣いたんだ
おれはくちべただけど
おまえを愛してる
こんどこそ　ほんものさ
いつか　けっこんしよう

　ヘッドフォンで注意深く聴いてみると、イントロに緊張した荒い息が録音されているが、これも記録のうち。

マイクの前には、ウクレレを抱いたＲくんが座った。僕はＲくんのジャンパーの袖がカサカサと音を立てるのを怖れて、服を脱がせた。三月下旬のがらんとした体育館で、下着姿になったＲくんは、

「寒いです」

「雑音を入れないためだから、我慢してよ」

録音しているこちらも必死である。

Ｒくんは、いきなり曲の頭から終わりまでノーミスで弾いた。録音の場面では普段の何倍も緊張するから、これは凄いことなのである。

次に九人の少年たちが四人と五人に分かれ、ヘッドフォンを全員がつけ、マイクを取り囲むように立って、サビの一部を歌う。

録音を始めて、約二時間。少年たちはミスなしで録音会を終えた。ミスを犯したのは僕一人で、ボーカルのＰくんの声に定番の音の操作を加えたのだが、少し声が濁ってしまった。録り直す余裕はなかった。音を調整し、ＣＤの焼付けを終えたのはその日の午後九時。倒れこんでしまいそうなほど眠かった。

この歌を聴いた別の少年院の法務教官は「少年たちの思っていることが素直に出ている」とショックを受けたそうだ。どこかステレオタイプではあるけれど、愛する人と出会って幸せになる、という少年たちの切実な願いが歌に込められていることは確かだ。

僕は歌つくりを一段高いところにある芸術と考えているわけではない。歌つくりは労働のメタファーである。コード理論を知り、ウクレレに習熟し、歌う練習を繰り返し、さまざまな技術の集積があって、ＣＤができる。創造の場面には、リラックスして構想を立てる時間と、ひたむきに自分を鍛える時間と、本番に挑む集中力が求められる。

少年たちは、その現場に立って、とりあえず結果

を出したのだ。

CDができた後、少年たちにはまだ会っていない。次の授業では、彼らが何を感じたかを話し合ってみるつもりである。

11 ポジティブとネガティブ

前回、少年が作った歌をCDに制作した、という話を書いた。

その後日談。

僕はCDを少年たちに聴かせた後、制作に参加した少年たちに無記名で感想文を書いてもらった。僕の通う少年院の子どもたちは、口頭よりも作文のほうが本音を表現しやすいと考えているからだ。CDを作ってからふた月後、授業の前に感想文に目を通した。

曰く「歌が下手すぎる」

曰く「コーラスの声が大きすぎる」

意外に辛辣な意見が多い。十数枚の感想文のうち、CD制作を肯定的に捉えているもの、否定的に捉えているものが五分五分の情勢だった。

「いい材料が手に入った」と僕は思った。

僕がウクレレ教室を開いているのは、少年院の治療処遇という時間枠だ。僕が受け持つ生徒たちは、人間関係をうまく構築《こうちく》できないと判断された少年たちである。

この少年たちと向き合う時、最大の障害は「基本的に何を考えているのかわからない」という点である。ところが感想文には彼らの本音がたっぷり詰まっている。無記名だから、個人攻撃に発展しないで、いろいろな議論ができる。

僕は寮の娯楽室に集まった少年たちの前で、作文を読み上げた。もちろん、「CD制作を通じて、みんなよくやった」と語っている作文もある。僕は白板にネガティブとポジティブという二つのカテゴリーを作って、一つ作文を読む度に振り分けていった。

「こんな風に」と僕は言った。「同じ出来事を見ていても、人によって見方が違うわけだね」

僕はポジティブとネガティブの意味を丁寧に説明した。彼らがこの先、人生を生きる多くの場面で、この問題が出てくるからだ。

「自分の考えていることは、ネガティブな一つの意見にすぎないのだ」と判断できるかどうかは、数多いコンプレックスを抱える彼らにとって大切な武器になる。

この話題を入り口にして、少年たちにCD制作の過程を振り返ってもらう。

「一年くらい前、僕（筆者）は歌をつくるから歌詞を書いて欲しいとみんなに言ったよね。その時に、歌詞を書いたのは二人だった。そのうち一人がPくんで、彼が歌詞を書かなければ、僕はメロディも作れないし、CDをつくる気持ちにもならなかったかもしれない」

CDの制作準備に入ってから、「自分が歌いたい」と言い出した少年が神妙にうなずいている。ボーカルのPくんはその場所にいなかった。すでに仮退院の準備に入っていたからである。

「RくんはCDでウクレレを弾いたよね。どうだった？」

「ええ、おもしろかったです」とRくんは照れた。

「Rくんが一人だけウクレレを演奏したのは、ずっと前からウクレレを一生懸命弾いていたからだ。ここにいる全員に弾くチャンスがあったけれど、一回一回の練習をきちんとやってなければ、弾かせたくても弾かせることができない。君たちが少年院の外に出た時、君たちにチャンスをあげようと思っている人がきっといると思う。だけど、君たちが目の前にあることを一生懸命やっている姿が見えなければ、チャンスを与えようと思っていてもできない。だから、自分の行動が、一つひとつの場面で人生を変えていくんだということをよく考えて欲しいな」

僕の話を聞きながら、一人、ふくれっ面の少年がいた。

「こんなところ（少年院）で、なにをしたって意味がない」

彼は投げ捨てるようにそう呟いた。

そのひと月後のことだ。僕はボンゴ（二連の太鼓）とギター、ウクレレを持って少年院を訪ねた。ウクレレ教室で関わってきた少年たちが、櫛《くし》の歯が欠けるようにいなくなると感じたので、最後の仕上げをしようと考えた。

僕は白板に青いマーカーで「ＪＡＭ」と書いた。

「ジャムというのはブルースやジャズのプレイヤーが、その場で即興《そっきょう》の演奏を一緒にやるという意味がある。楽器を正確に弾く、そのために練習をするのは、他の人の演奏と自分の演奏を重ね合わせた時に気持ちよくやるためだよ」

僕が持ち込んだギターを見て、ひと月前に「こんなところ（少年院）で、なにをしたって意味がない」とすねていたＸくんの顔色が変わった。

「ぼく、ギターを弾けます」

ギターを渡すと、Ａというコードを一つ弾いた。

「コードはいくつ知ってるの？」

「あんまり……。ブルーハーツを一曲弾けます」

「弾いてごらん」と言うと、ひどくたどたどしい。

「そういうのはね。ギターを弾けるとは言わないよ。ギターを触わったことがある、と言うんだ」

Ｘくんはムッとしたけど、すねたりはしなかった。

彼にキーＧの十二小節ブルースのベースラインを弾いてみせた。ウクレレを弾いている少年たちが練習している曲だ。ウクレレをうまく弾けない少年に太鼓を渡し、ボンゴ、ウクレレ二台、ギター（パートはベース）の四人編成で演奏をしてもらう。

Xくんは必死でギターを弾いている。

演奏はことのほか上出来だった。CD制作をはさんで五カ月ほどの間に、少年たちのウクレレを弾く技術が格段に進歩していた。ギターを教えていた二年前には考えられないほど状況が良くなっている。一つには少年院に四台のウクレレが装備されたこと。一つには僕の授業につきあってくれる若い法務教官が音楽好きで、僕がいない時にもウクレレを教えてくれているから。彼は、この数カ月の間、CD制作をめぐって僕と少年たちの間に起こったさまざまな事件を興味深く眺めていたようだ。音楽をめぐって、少年たちがさまざまな本音を言う。僕も本音で、良い悪いをはっきり言う。その様子を見ながら、彼も授業を楽しむようになった。

少年院でウクレレを教えるようになって、僕もまた自分の音楽に対する理解が深まったと感じていた。ウクレレや歌をつくる手順を教えながら僕もまた少年たちに教えられている。少年たちのおかげで、この四年間は僕にとっても実り多い時期だったのだ。

Xくんは三組に編成されたグループすべてで、ギターを弾き通した。

「面白かったかい？」

「はい」

「今、ギターを弾く前の君と、弾いたあとの君は違う人間だろ？」

Xくんは、そのふてぶてしい面構えでコクリとうなずいた。

12　三原スエと柳原白蓮の熱き想い

四国の香川県丸亀市に「丸亀少女の家」という女子の少年院がある。二〇〇七年一月と八月の二回、「丸亀少女の家」を訪ねる機会があった。

なんとも奇妙な空気が流れていると思った。

女子の少年院は、少年のそれに比べて緩やかな空気が流れているものだ。点呼や行進における少年のガナリ声が聞こえないし、少年を見守る法務教官の視線も女子施設のほうがあきらかに柔らかい。少年の行動に枠組みを示して教育する度合いが高い男子施設に比べて、女子の内面に寄り添うことの多い教育方法の違いもあるだろう。

それにしても「丸亀少女の家」は違う、と思った。

この三年間に僕が訪れた少年院は、指折り数えてみるとおよそ十である。他の施設に流れていない、不思議な空気がある。

「丸亀少女の家」のなかに茶室があった。床の間に掛け軸が下がっていて、達筆の短歌がしたためられている。

あまつ神のみ使ぞ　これをとめらは
世の人のため　花と匂へよ　　白蓮

「少女たちは、天津神の使いである美しい精霊なのです。世の人のため、女として花のように咲き誇り、生きていきなさい」というほどの意味であろうか。

短歌の贈り主は柳原白蓮《やなぎはらびゃくれん》（一八八五―一九六七）だ。伯爵家に生まれ、政略結婚をさせられた末に、大正十年、炭鉱成金・伊藤伝右衛門を捨て、宮崎竜介という新聞記者と駆け落ちするという波乱の生涯を送った女性である。白蓮の駆け落ちは当時の新聞を賑《にぎ》わせた大スキャンダルであったらしい。道具としての女を捨てて、命がけで恋に生きた人である。

そういう白蓮の「花と匂へよ」という言葉が、女子少年院の中央にある茶室に鎮座している。罪を犯して国家に自由を奪われた少女たちの教育施設を、善悪をはるかに超えた言葉がみつめている事実に、僕は感動と戸惑いを覚えた。

「丸亀少女の家」の創設者は三原スエという女性だ。明治三十六年、津和野生まれ。娘の刑部《おさかべ》サエ子さんが出版した『希望の炎　絶やすまじ（三原スエの生涯）』（平成十年私家版）によれば、スエもまた「七つの恋と二度の結婚をした」激しい生き方をした人だった。

女学校四年の時に初めての結婚をしたものの、妻子ある男性と恋に落ちるなど自分の激情をもてあました末に京都に出奔《しゅっぽん》、社会奉仕や座禅に救いの道を求めた。京都の貧民窟《ひんみんくつ》で「ボロにくるまっている人たちと暮らしている」二十五歳のスエを嫁にしたのが、酒を片手に下げたまま袈《け》裟《さ》衣《ごろも》の上にプロテクター、坊主頭にマスクをつけて野球のアンパイアをつとめる「野球狂の坊さん」三原《みはら》憲照《けんしょう》であった。

三原憲照の故郷である丸亀市に移り住んだスエは、太平洋戦争のさなか国防婦人会の先頭に立ち、大政翼賛体制にのめりこむ。国防婦人会の香川県支部長、四国四県五十万人をまとめる連合婦人会長をつとめ、出征兵士に宿を提供するなど、国の戦争遂行に自分の持てる力を捧げたのである。

そして敗戦。目の前に広がるのは、焼け跡と行く先をなくした子どもたちであった。

今日もまた裸体《はだか》に素足の子等をみぬ
世のあなどりに追われてありき

戦はいとしき子等の父をとり
家を焼き捨て母も奪《うば》いぬ

時は昭和二十二年、三原スエは高松駅の前に群れる戦災孤児の姿を眺めている。この時、スエは四十代半ばである。

もの総《な》べて奪わる中になお生きん
いとし子なれば許しませ罪

決然と願いをたてし吾れなりき
母なき子等《こら》の母とならんと

吾が願い世をも人をも焼きつくし
清く建てなん少女の家は

最後の一首は、火が吹き出るような国親思想と言えよう。

三原スエはさっそく行動を起こす。スエの嫁ぎ先である善照寺に少女を引き取るという活動から始まり、昭和二十三年には丸亀城の陸軍施設跡に私立「少女の家」が設立された（設立時の少女十一名）。翌二十四年には新少年法の施行に伴い「四国少年院分院丸亀少女の家」として国立の施設となる。独立した少年院となった後、現在の中津町の海辺に移転したのが昭和二十七年のことだ。

中津町の土地を購入する際、三原スエは「花嫁学校を建設するのだ」という「首を吊る覚悟の嘘」を吐いて交渉に当たったとされている。

七人の我が子を育てながらの活動だった。戦争責任を我が身のこととして考え、これほどまでに深く反省することができた「美しい日本人」がいたのである。

柳原白蓮と三原スエの交流は戦後に始まったものらしい。講演で香川県にやってきた白蓮をスエが訪ね、やがて肝胆《かんたん》相照《あいて》らす仲となった。「花と匂へよ」の短歌はそうした交流のなかで贈られたものである。

「丸亀少女の家」が生まれて六十年になろうとしている。日本社会は敗戦からの復興、高度成長、石油ショック、列島改造、高度消費社会の到来、バブル経済、グローバリズムのための構造改革を経験し、黄昏《たそがれ》に佇《たたず》む先進国として未来を模索《もさく》している。

グローバリズムとは、独り勝ちを目指して獣のように他者をなぎ倒して生きなければ、死が待っている世の中のことらしい。

いつのまにかオトナがいなくなった。

非行少年に対面すれば、すぐにわかることだが、そこにあるのは驕慢《おごり》や悪意などの過剰なエネルギーではない。ごく平凡な家族の愛情や周囲の大人からの信頼をもらいそこね、成功体験も少ない。そこから来る自己否定の感情、コンプレックス、怖れ。少年たちを苦しめているのは、そういう欠落なのだ。

僕が「少女の家」で出会った女性の法務教官は、覚醒剤使用などで送られてきた少女たちと向き合いながら、「自分の体を使って真面目に働くこと、家族と仲良くすることを教え続けている」と語った。

次の一首は白蓮がスエのために贈った歌。

国と人の歴史のなかに身は生きて
誰かのためになりて死にたき

髪を三つ編みにしてスリッパを履いた少女たちはどこかすねた表情だ。彼女たちが、この少年院の暮らしのなかで、三原スエの情熱を受け取っていたのだと感得《かんとく》するのはいつのことだろうか？

13 少年院は天才を育てる場所じゃない

二〇〇七年暮れに関東医療少年院を訪ねる機会があって東京に出た。

関東医療少年院は一九九七年の神戸児童連続殺傷事件を起こした少年が収容されていたことで有名になった少年院だ。少年院の篤志面接活動をしながら、三年間にわたり少年院を訪ねて法務教官にインタビューを重ねてきたが、その最後の十人目としてサカキバラ君を担当した法務教官の一人に会うことになった。スポーツを通じて、少年の内面にアプローチを試みている誠実な人で、インタビューは二〇〇八年五月に『刑政』という月刊誌に掲載される。

少年院を訪ねる前日、刑務所の映画が上映中だと知ってドイツ映画『4分間のピアニスト』を観た。刑務所でピアノを教えているクリューガーという老婦人が、服役中の若い女性ジェニーの才能に惚れこみ、新人音楽コンクールに出そうと苦闘する物語である。

少年院でウクレレを教えている僕にとって、クリューガー先生は自分の立場と重なる部分もあって興味津々で観たわけだが、映画そのものとして、また音楽映画として出色の出来栄《できば》えだった。芸術への執念と国家秩序の名を借りた役人根性や嫉妬《しっと》が真正面から衝突する。女性受刑者の荒ぶる魂は、ピアノ教師の芸術観なんかにおさまらない。そのような葛藤《かっとう》の背景にナチス時代の暗い歴史が配される。映画の終幕にあらわれるカタルシスが、言葉ではなく演奏そのもの、音楽そのもので的確に語られているところがミソで、ドイツアカデミー賞の作品賞と主演女優賞を獲得したのも大いにうなずける。

ただクリューガー先生と僕には大きな違いが二つあった。

一つは僕にはクリューガー先生のような高度な演奏技術はない。そして、ジェニーのような天才が目の前にあらわれる機会は、たぶんこれからもないだろう。

僕の篤志面接委員としての役目は、もぞもぞぐずぐずと鬱屈《うっくつ》している少年の心をウクレレでリラックスさせることだ。とりあえずウクレレを手に持ってみること、ポロロンと音を出させるまでにエネルギーの七十パーセントを使う。

それから楽器を持つ姿勢の大切さを噛んでふくめるように一人ずつに伝える。初歩中の初歩であるCコードの場合、ウクレレの指板を押さえている指が薬指であるべきこと、指が直立していなければ澄んだ音が出ないこと、絃をかき鳴らす指が硬直したままでは心地よい音が出ないこと。そこに残り三十パーセントのうち二十五パーセントは費やされている。

多くの少年たちは、ごく普通の子どもたちが保護者から受け取る贈り物をもらっていない。箸の使い方から始まるしつけや学習の機会を奪われていた少年が多い。

初めてウクレレに触れる少年は、たいていおそるおそる楽器を掴《つか》む。ウクレレの姿やその軽さや質感を、まじまじとみつめながら、初めての体験に怖じ気づき、恥をかくのではないかと恐れている。ネックをつかみ絃を押さえる手も、絃をかき鳴らす指も緊張でガチガチにこわばっている。

しかし、ひとたび楽器から音が出れば、彼は変わる。音が出たことにホッとして肩の荷が下りた表情になるのがはっきりとわかる。僕のさまざまな注文を受けながら、柔らかい美しい音が出ると、その瞬間、目をまんまるに見開いて「おう」と間延びした、感嘆の声を上げる。

　僕の一番大きな役目は、その瞬間を一緒に喜ぶことなのだ。


　法務教官から酒の席で聞いた話だが、ある優秀な教官は剣道指導で面打ちだけを徹底的に指導するそうだ。面打ちだけの変化のない練習を、どのようにおもしろくやらせるかが教官の腕の見せどころだという。それを聞いていた別の法務教官は、野球指導の際に正しいキャッチボールをきちんと身につけることだけを目標に練習させていると語った。最初の一歩を丁寧に指導すること、その一歩が身につくプロセスこそが少年たちにとっては大切なのだ、という話である。

　『4分間のピアニスト』のように、少年院が天才を送り出して社会から喝采を浴びることは、この先もないであろう。法務教官たちは決して高望みをしない。彼らの望みは百人の少年のなかから、一人の野球選手を見出すことではない。百人の少年全員が、人生を自分の足で歩きだすためのヒントを掴んでくれることを願って面打ちを教え、キャッチボールを教えている。

　こうした彼らの職業上の達意《たつい》は、日々グラウンドに立って少年たちの背中を見守り、少年たちと一緒に寮舎に寝泊まりしながら培《つちか》われたものだ。少年司法の各機関では、警察官、家裁調査官、鑑別技官、裁判官、検察官、保護観察官といった人々が少年と関わるが、法務教官ほど一人の非行少年に密着し、長く日常を共にする職業は他にない。

　少年院が戦後六十年の間、黙々と営んできた保護主義の歴史は、その再犯率の低さから見て、多くの専門家が世界に誇るべき実績だと主張する。だが、いっこうに日本社会の常識として認知されない。経済を主眼として沸騰《ふっとう》している日本社会のなかで、少年院の仕事が目立たないのは仕方ないことかもしれないが、少年院が僕たちの暮らしている社会の平和の一角を支えているのは間違いのない事実である。

　思えば神戸児童連続殺傷事件が起きてから十年がたつ。社会はごく普通に見える少年が、殺人などの凶悪な事件を起こすことに驚き呆れ、やがて少年法を憎むようになった。国親思想や保護主義を嘲笑《ちょうしょう》する者さえいた。少年法の文言はいまも厳しい顔立ちに変わり続けている。しかし、その間も法務教官たちは、少年院を出た少年たちが平凡な仕事に耐え、平和な家庭を持ち、静かに暮らしていくことを願って、黙々と仕事をしていたのである

14 「光市母子殺害事件」を考える

二〇〇八年四月二十二日、広島高裁で「光市母子殺害事件」の差戻し控訴審《こうそしん》の判決が下され、元少年に死刑判決が下された。この事件は一九九九年四月、当時十八歳の、高校を卒業したばかりの男性が起こした少年事件だった。「育ち直しの歌」は少年院の矯正教育に焦点を当てるものだが、少年の更生をめぐる問題と「光市母子殺害事件」をめぐる厳罰化の流れは深くからみあっているので、この事件について考えてみたい。

この事件は、少年（当時）が光市の共同住宅の一室に「排水管の点検をする」とウソをついて上がり込み、親切に招き入れてくれた女性と乳児を死なせてしまったものだ。二人の死という重大な結果から、少年は山口家庭裁判所で検察官送致（逆送）の決定を受けた。逆送とは、少年事件であっても公開の法廷で検察官が罪を証明し、刑事弁護人が少年の利益を守るために弁護するという攻防を行ったうえで、裁判官が「罪があったかどうか、どんな罪があったか」を確かめ（事実認定）、懲役や死刑など罰の選択（量刑判断）をするということだ。

しかし、ルーキーの裁判官（未特例判事補《みとくれいはんじほ》）が多い家庭裁判所が、被害の重大な難しい事件を地裁の合議部に丸投げしている側面もある。少年法にもとづいた家裁ならではの包容力が、厳罰化の風にあおられて弱くなっているようだ。

山口地方検察庁は少年を殺人・強姦致死・窃盗罪で起訴。山口地方裁判所は二〇〇〇年三月に「無期懲役」の判決を下した。この判決を量刑不当（死刑にするべき）として検察官は広島高裁に控訴したが、広島高裁は控訴を認めなかった。数十年前に永山則夫という少年がピストルで四人を射殺して死刑になった前例などに照らせば、光市の事件は「無期懲役」でも軽い罰ではない、と考えたわけだ。これを前例主義と批判することもできるが、それぞれの事件の性質（たとえばマスコミで騒がれたかどうか）の違いによって死刑になったり無期懲役になったりする不公平よりはマシとする見方もある。

広島高裁の控訴棄却に不満だった検察官はこの事件を最高裁判所に上告した。検察庁は一九九〇年代に裁判所が甘くなっていることを危惧し、地裁・高裁で無期懲役となった事件を立て続けに上告するというアピールを行った過去があった。光市の事件は「死刑によって国家の威信《いしん》を取り戻したい」検察の思惑《おもわく》とつながっているという。最高裁への上告とは、最高裁で事件そのものを審理するのではなく、地方・高等裁判所の裁判官の仕事に法理上《ほうりじょう》の不手際がなかったかどうかを審理するものだといわれている。そして最高裁は「上告は適当でない」としながらも、「無期懲役判決」を「著しく正義に反する」として、広島高裁に裁判をやり直すよう命じた。

今回の差戻し控訴審とは、最高裁の「本当に死刑にできないのかどうか、もっとしっかり考えなさい」というプレッシャーを受けながら、広島高裁が「死刑か無期懲役か」を含めた量刑について判断を下したものである。一方で、最高裁の審理の途中から元少年の弁護を引き受けた新弁護団は、最高裁の審理に欠席したことや差戻し控訴審で「元少年に殺意はなかった」「死体に対する姦淫は母胎回帰」などと主張したことに対して、激しいバッシングを受けた。

そうした裁判の経緯や騒動とは別に、光市の事件はさまざまな教訓に満ちている。加害者の元少年は父親に虐待《ぎゃくたい》を受けて育っていたといわれる。母親は虐待を受けた末にうつ病になり、自殺している。対応すべき山口県の児童相談所の働きかけはあったのか。児童相談所の情報収集能力、予算、人材は十分にあったのか？

逆送したために元少年は八年以上の長い期間にわたって拘置所に留め置かれたまま裁判を受けてきた。その間に贖罪《しょくざい》教育や労働訓練は行われなかった。少年院に送られていれば、少年はなんらかの精神的成長をみせただろう。被害者遺族に真摯《しんし》な謝罪ができるような教育が行われなかった司法制度に問題はなかったのか？

現在、法務省は被害者保護のためとして「少年審判を被害者等が傍聴《ぼうちょう》できる」よう少年法を改正しようとしている。被害者保護といいつつ、検察官は被害者と遺族の悲しみや無念を、裁判で加害者を責める武器に見立てようとしてはいないか？　そもそも被害者と遺族が、加害者を死刑にしなければ無念が晴れないような状態に追い込んでいるのは誰か？判決のはるか前に被害者や遺族の受けた傷が回復するように、経済援助や精神的ケアなどを行うのは国家が最優先すべき仕事ではないのか？

「死刑か、無期懲役か」を語る前に考えなければならない多くの問題が顔をのぞかせている。なぜかメディアも国民も「もし被害者になったら」という仮定から始まり、国家や警察や検察は「自分と同じ正義の側に立っている」という観点に立ち、なんの疑問も持たず「加害者はまったくの他人」と考えて厳罰化になびいていくようだ。正義を語る口調が、どこか八つ当たりや嫉妬《しっと》に似ているのが特徴だ。

もし光市の事件で死刑判決が出たことで、多くの人の胸がスカッとしたとすれば、その後に残るものはいったい何だろうか？　ただの忘却《ぼうきゃく》ではないのか？

死刑は金も知恵もいらない、国家と政治家にとってもっとも安上がりな事件の解決方法だ。テレビをながめる前に、加賀乙彦著『死刑囚の記録』（中公新書）、森達也著『死刑』（朝日出版社）を開いて欲しい。

　悲劇が起きるまでに積み重なった被告人の不幸をみつめ、教訓をつかみだし、同じような境遇《きょうぐう》の子どもを生みださないために、児童相談所・学校・地域などに欠けているものを補《おぎな》っていく。被害者の死に報いる、事件を風化させない道とは、未来に役立てるために悲劇をみつめ噛みしめる辛抱強さのなかにあるのだと思う。

※このエッセイは判決が出る三日前に発表されたものですが、時制を判決後にあらためて書き直しました。

第2部

法務教官インタビュー
法務教官という生き方

1 門脇《かどわき》高次《こうじ》さん

法務教官になりたい。そう思ったのは十七歳の時です。

◆プロフィール
昭和48年
　静岡少年院（現駿府学園）拝命
平成20年～現在
　青森少年院院長

叱られてばかりいた静岡少年院時代

「法務教官になったのは昭和四十八年四月です。初任地は静岡県にある少年院でした。当時の僕には少年院は心理学や社会学を学んだ学者さんのような人たちが非行少年の処遇に当たっているというふうに思っていました。ところが実際に少年院に勤めてみると、農家のおじさんにしか見えない法務教官がいて、時には鼻すすったりして少年に『母ちゃんの手紙、どうした』なんて声をかけてね。そういう人が実に少年をよく見ているんですよ。少年をよく理解しているし、処遇する力があるんです。法務教官とはそういうものなのか？　それが少年院に勤めたときの最初の驚きでした。決して机上《きじょう》の高度な理論を語るのではなくて、人と人との心の触れ合い、人と人との出会い……そんなものが処遇の基盤《きばん》になっているんです。

法務教官になって一週間後のことです。出院をひかえた一級上の子たちなら大丈夫だろうということで、僕一人で少年七人を連れて裏山の工事に行かされた。子どもたちはよく働いてくれました。さぁ、休憩ということになったのですが、少年院の裏山からは駿河湾が見えるんです。僕は、どうせ休憩をするなら海が見えるところで休もうと思い、少年たちを連れて移動した。すると下から様子を見に来た上司に発見され、自分勝手に作業場所を変えてはいけないと大目玉を食いました。入り立ての頃は、そんな失敗も数多くありました。

新人の頃は毎日のように上司や先輩に怒られてました。それでも先輩たちはあたたかかった。今は叱る先輩が少なくなってきたように感じますが、当時は笑いながら『バカ』なんて言いながら、本当にいろいろ教えてくれた。たとえば少年を風呂に入れる時、法務教官は裸足《はだし》では入らないものですが、僕は風呂場に土足で上がるのがどうしても抵抗があって、裸足で風呂場に入っていたんです。

その時は先輩にこんな風に言われました。『俺は風呂場に裸足では入らないよ。もし逃走事故があったら、裸足じゃ追いかけられないだろ』そういう風に法務教官の仕事を教わっていったんです。私だけが少年の気持ちを理解しているような思いこみがあったんです」

不良になりきれなかった少年時代

平成十六年十二月、栃木県の喜連川《きつれがわ》少年院に門脇高次さんを訪ねた。

門脇さんは昭和二十五年、東京生まれ。法政大学で社会学を学んだ後、昭和四十八年に法務教官を拝命した。取材当時、門脇さんは喜連川少年院の次長として若い法務教官を指導する立場にいた。

「不良少年は可愛い」と門脇さんは笑う。「法務教官は大変な仕事ですが、すっごいおもしろい、いい仕事なんです」とはっきり言う。

熱い人である。

これまで少年院に出入りした経験から言うと、法務教官は寡黙《かもく》な人というイメージが強い。謹言実直《きんげんじっちょく》、人の嫌がる仕事を黙々とやる高倉健というのが、法務教官に対する筆者のイメージだった。そのイメージがぐらぐらと揺れるのが愉快だった。門脇さんはいつ、どのような動機で法務教官になろうと考えたのだろうか？

「法務教官になろうと思ったのは十七歳の時です。高校生でした。私自身、家庭が複雑でね。母と父が、それぞれ連れ子を持って再婚し、その間に生まれたのが僕でした。母が産んだ姉と父の連れてきた兄がいた。

父は山形の生まれで、家が貧しくて小学校すらろくに行けず、大きな農家で子守をして働いたという人です。家に小学生用の漢字辞典を持っていて、毎日漢字の勉強をしていたのを覚えています。多摩川のそばに勤務先の工場があって、紙を作る時に溶解した原料を濾《こ》す編み目の細かい金網を作っていた。父はそこの工場主任でした。作業場は常時室温が五十度ぐらいもあるので、本人も、上半身裸になって、塩をなめなめ働くんです。父は何十年もの間、仕事を休んだことがないという職人気質の人でした。仕事から帰ると、まずビール一本が入る大きなジョッキを一気に飲み干す。それから日本酒を三合から四合飲むんです。寡黙な人なんですが、朝方まで飲んで帰ってくるということがたびたびありました。

兄は、母に対してそんな父親が申し訳なくて仕方がない。兄は『母さんに悪いじゃないか』と文句をいう。すると父は『うるせぇ』となる。大声で喧嘩するようなことがよくあった。僕は小学生の時から、そういう喧嘩を止めに入ってた。

　母親は僕のことを大人しくていい子だと溺愛《できあい》していて、過干渉《かかんしょう》でした。友だちが遊びに来ると『高《こう》ちゃんはいないから』と言って、追い返してしまうんです。それがとても嫌でね。高校生の頃にグレてやろうと思いました。ところができませんでした。友だちに文房具屋の息子がいて、私と話す時はとても優しい奴なんです。ところが他ではすごいんですね。そういう友だちを見ていて、自分はグレたいと思っているのに、なかなか一線を越えられない。それは一線を越えさせない、引き止める力が働くからです。そんなことをしたら親が悲しむ、被害を受けた人はどんなふうに思うかとか。でも、その一線を飛び越える人は、それだけの苦しみや辛さを持っているんだとわかった。だから、そういう淋しさや苦しみを抱えている人とずっと一緒にいて支え合いたい。そして自分がその一線を越えさせない何らかの力になれれば、そんなことから法務教官になりたいと考えたんです」

仲間と飲んで語り合う

　門脇さんの履歴を伺うと、法務教官という仕事はずいぶん目まぐるしく異動するものだ。二年刻《きざ》みで官舎から官舎へと渡り歩き、新しい仲間と少年に出会う。筆者は平成十五年から篤志面接委員として少年院（中津少年学院）に出入りするようになってから、法務教官の仕事はただならぬ職業だと感じるようになった。少年たちの生命を預かる重さ、逃走事故などリスクを背負う日常的なストレス、万が一の事故のために官舎に縛りつけられるような私生活の不自由さ。使命感を持たなければとても勤まらないと思う一方、そうした使命感をどうやって育て、維持するのか素朴な興味が湧き上がる。

「今の少年院は少年を様々な角度から捉え、問題性に応じた処遇技法を駆使してきめ細やかな処遇が

教育部門事務室にて

展開されていきますが、僕が法務教官になった頃は、少年たちとひたすら話し、心と心をぶつけ合っていました（今ももちろん、その部分は処遇の基本にあるわけですが）。

法務教官同士のつきあいも濃厚でした。I少年院にいた頃（昭和五十三〜五十九年）は官舎で週に三回は飲み会を開いていました。金がないので、肴《さかな》はいつもモツ鍋です。官舎前のほんのわずかな面積の庭の畑で作った野菜をとってきて、白モツとコンニャクと豆腐だけ買うんです。飲みながら自然に処遇の話になる。議論して、喧嘩して、涙を流して、抱き合ったりしてね。茨城にいた頃はまだ下の娘が小さくて、狭い官舎にいつも人がいっぱい集まってるので女房がおっぱいをやる場所もなかった。女房には迷惑をかけましたね。ただ、僕も先輩たちからそうしてもらったんです。

平成三年、Y少年院に統括として着任した頃は、

手のかかる少年が多く、職員は大変な苦労を強いられていた。僕は後輩と一緒に飲んで、議論をして……。こう言うと飲んでばっかりいるんですね(笑)。

うれしかったのはそうした飲み会での話のなかから、毎週末に休日を返上して若手の法務教官が出てきてくれて、出院準備期の少年たちと一緒に野球をやろうという企画が生まれてきたことです。職員が自分たちのために一所懸命にやっているということが少年たちに理解されたことから、施設の雰囲気がすっかり良いほうに変わった。着任して二年目、一度も非常ベルも鳴らずおかげで楽しく仕事をさせていただいて、いいスタッフに恵まれてきました。

Ｙ少年院の少年たちは非行の進んでいる子が多いのですが、一級上生に登山をさせました。これは私がＹ少年院を転出してからのことですが、手のかかる少年が多い施設でもそうしたことができるんですね」

人の心のドアには取っ手がない

「少年院に来る少年たちは、大人に期待して裏切られ、期待して裏切られしているうちにどうでもよくなっちゃった子どもたちですね。少年院に来た当初、子どもは自分のしたことが悪いと知ってるんです。でも、こういう理由があってやったんだから仕方がないと考えている。先生たちからこと細かに指導を受けて、いろいろと言われるうちに『自分はどうせそんな人間だ』と開き直るような感じがある。それからしばらくグズグズしていますが、職員の熱心な関わりによって徐々に心を開いていきます。そのうち周りの同じような少年を見ているうちに、自分の問題に気がつき始める。『他の奴は出て行ったのに、俺はどうしていつもこうなんだろう』と考える。これが集団で処遇する良さですね。そして初めて人の言葉に耳を傾けるようになる。最後は『自分はこんな風に生きていきたい』と考えられるようになるんです。

少年院は子どもの親子関係を断ち切って、第三者が介入するんですが、それはすごくいいことなんです。ぐちゃぐちゃになった家庭から引き離されて、少年が一人になる。これが自立の原点です。子どもたちの心はひとりぼっちになる。生まれ直すんです。赤ちゃんになれない子もいるし、なりすぎる子もいる。その時に法務教官にはいろんな人間がいますから、それぞれの少年をどうしようか話し合えるわけですね。

少年は可愛いし、それと触れ合うことのできる法務教官はすごく大変だけどおもしろい、やりがいのある仕事ですよ。僕は退院する少年の手を握る時『もう人に迷惑をかけるようなことはするなよ。平和に暮らせ』そう、祈ります。祈ることしかできないんです。

少年のなかには家庭環境が悪くて、またグレることもあるんです。でもあきらめちゃいけない。その少年がまた悪いことをしようとした時『そういえば、あの先生と約束したな』と顔を思い出せる法務教官でありたい。

若い法務教官は難しい試験を通ってきているし、モチベーションも高いのですが、とかく『ああしろ、こうしろ』と言葉で指導しがちになる。言ってもやらない子がいますから、それに怒ってはいけないんですね。

『人の心のドアには取っ手がない。心のドアは人が開けるものではなくて、自分から開くものだ』これはある人から聞いた言葉ですが、その通りです。子どもが自分でドアを開くように、いろんな体験や学習をさせる。法務教官は助言者であり、援助者なんです。『法務教官が自分で少年の心のドアを開けようとすると失敗するよ』と若い職員によく言うんです。

ただ僕の若い頃と違って少年院も規制の枠が強くなっています。昔は『飛び屁《へ》』といってね、いたずらな少年がすれ違う時にお尻を向けて屁をするなんてことがありました。昔は『こらっ』と笑って済ますこともありました。それは決して心から職員を愚弄《ぐろう》しているわけではなく、子どもが親にじゃれているような仕草なのです。そのことがわかっているのです。昔のように、そんな少年の行為も包んであげるような心の持ち方も必要な時があるように思うんです。

夜遅くまで少年の話を聞いてあげたいと思っても時間の枠があります。当然のこととして、組織としての枠はあるのですが、子どものために一生懸命やることで、その枠を越えることもあるでしょう。その時に枠のなかで仕事をする必要性や重要性をしっかりと伝達する一方で、若い法務教官の気持ちをわかってやる上司であることも、組織を生き生きさせるためには必要なことだと思っています。

僕は今、若い法務教官を指導する立場ですが、後輩たちに『熱くなれ。子どもの処遇に燃えろ』と言うんです。法務教官になって二年でも、三年でも『俺に任せてください』そう言える法務教官がいたら、子どもたちは幸せでしょうね」

2 和《わ》田《だ》英《ひで》隆《たか》さん

こんな俺に素直さがあるのであれば、少年のなかにもそれがあるはずだ。

◆プロフィール
昭和47年
多摩少年院拝命
昭和49年〜平成18年
人吉農芸学院

熊本県八代《やつしろ》市から約一時間、球磨川《くまがわ》に沿って車で坂道をのぼりつめ、ぽっかりと視界がひらけると人吉盆地である。そこは球磨川と川辺川《かわべがわ》という二つの川が流れる豊かな田園地帯だ。

人吉農芸学院は人吉盆地から北にかけあがる高原《たかんばる》台地にもうけられた中等の少年院だ。高原台地には戦時中に海軍の飛行場があって、人吉農芸学院は海軍宿舎の施設を譲り受ける形でスタートしたのだという。

この少年院に勤務する法務教官の誇りの一つは、施設全体を取り囲むフェンスがないことだ。広々とした敷地の裏側はフェンスが切れていて、一般の畑地とつながっている。すぐそばでは生徒たちがブルドーザーなど建設機械の運転資格訓練を受けている。初めて見学すると、面食らってしまう。塀が完全に閉じていない場所で、少年に大きな建設機械の操縦を任せている自由さが、少年院というイメージを大きく裏切っているからだ。

「塀がないからこそ、心の鎖が大切なんです」

この少年院に勤務したことのある法務教官の言葉である。

塀が完全ではないという世間的には欠落した条件が、法務教官に緊張を与えるとともに、少年の更生に取り組む理念の象徴としてとらえ直されているところに法務教官という職業の複雑さ、おもしろさがにじみ出ている。

今回、出会った法務教官は和田英隆さんだ。

和田さんは昭和二十四年に人吉市の東にある多良木町《たらぎまち》で生まれた。人吉農芸学院がある土地は和田さんの故郷そのものである。しかも昭和四十七年に法務教官を拝命した直後の一年八カ月だけ多摩少年院に勤務したのを除けば、以後三十一年にわたって人吉農芸学院ひと筋の法務教官人生だ。「この少年院が好きだ」と和田さんは笑う。「土地柄のせいか、ここはおおらかな雰囲気があるし、処遇に熱心な法務教官の仲間がいますからね」

和田さんは少年と向き合う現場からロール・レタリング（役割交換書簡法）という少年の自己内省を深める手法を見出した人としても知られている。

たった一人の採用試験

和田さんが法務教官になったきっかけは何だったのだろう？

「僕は昭和四十七年春に関西外国語大学を出て、多良木町に戻ってきました。学校の先生になろうと思っていたんです。ところが教員試験に落ちてしまいましてね。建材店でアルバイトをしていました。

その年の六月のことでした、たまたま本屋で法務教官という仕事があることを知ったんです。そこで、近くにある人吉農芸学院に試験の日程を聞きに出かけた。その時、会ってくれたのが院長だった藤原正さんだったんです」

「君は教員資格を持っているんだな？」

藤原院長はそう和田さんに尋ねた。「関東のほうで法務教官の欠員があるから、履歴書を持ってきなさい」

そして、庶務課長の立ち会いで、和田さんは人吉農芸学院でたった一人の採用試験を受けることになったという。試験の内容は国語、常識、作文であった。

「試験を受けると、八月一日には採用になるから、ということでした。ラッキー、と思いましたね。公務員になれば、なんとか食べていけるし、多良木に帰ってこられる。多良木には母親がいて、一緒に暮らしてやりたいと思っていました。教員志望でしたが、法務教官には違和感はありませんでした」

こうして和田さんは昭和四十七年八月、多摩少年院に新任の法務教官として赴任した。勤務一日目に先輩から言われたのは「とにかく酒を飲まないとダメだ」のひと言。

もともと球磨地方は焼酎《しょうちゅう》の名産地であり嫌いなほうではない、近くにある多摩少年院御用達の居酒屋に足しげく通った。酒場で処遇の議論をするのである。当時の多摩少年院ではマカレンコ、ニイルの教育理論、生活綴《つづ》り方などの研究が行われていたが、入ったばかりの若者にはピンとこない。しかし、酒を飲みながら、先輩たちが少年の立場から処遇の内容を吟味したり、現行の制度を批判するのを聞いた。多摩少年院という矯正教育の中心地で、処遇に情熱をかたむける人々の薫陶《くんとう》を受けた。

「多摩少年院時代はいいものを見せてもらいました。昭和四十九年三月に人吉に戻るのですが、人吉農芸学院はおおらかでした。外で作業をしている少年が、私のところに走ってきて、自分の担当の教官《せんせい》はどこにいるんでしょうか？　なんて尋ねるんです（笑）。ある教官は、少年に『社長』とあだ名で呼ばれている。そして笑って受け答えしているんです。人吉という土地の雰囲気なんでしょう。塀も今より少なくて、今ある高さ二メートルの塀を作る時にも職員が反対したほどでした」

ヒグラシの声に泣く

人吉農芸学院は福岡矯正管区内の男子少年院では非行の程度が中くらいの少年たちが集まる場所だと聞く。ちなみに進学組など学業が中心の少年が集まるのが福岡少年院、とりわけ処遇の難しい少年が集まるのが大分少年院、短期処遇の非行の軽い少年が集まるのが佐世保学園だという。たしかに人吉農芸学院を見学していると、少年院にいることを一瞬、忘れそうになる。ごく普通の高校生にしか見えない少年が多い。故郷の少年院で働き始めた和田さんは、地つきの法務教官として少年たちと向き合い、とりわけ心理学に興味を傾けていく。

「人吉に帰った頃、当時の分類課長が『人間の回復』という言葉を使っておられました。当時、『非行から回復する』というようなことが処遇の現場で語られるようになっていた。そして、昭和五十三年頃、僕はカウンセリングのワークショップを受けることになり、阿蘇郡内ノ牧に三泊四日で研修にでかけた。すると、世話人の方が、クライエントに対してフンフンとうなずくだけでクライエントが変わると言うんです。そんなことがあるかな、と信じられませんでした。ただ、ワークショップから帰ってきた時に、なぜか少年院に違和感を感じた。ワークショップでは研修中も泊まりがけで飲んでいる時も自分はリラックスして素直に話しているのに、少年

和田英隆さん

院ではひどく形式的な言葉を使っている。あらためてギャップを感じたのですね。

そして、ワークショップで教わったように、少年の話をうなずきながら聞いてみると、本当に素直になる少年がいた。あるいは、少年が自分の考えを持つようになるんです。驚きました。

さらに昭和五十四年頃に再びカウンセリングのワークショップにでかけました。その時、不思議な体験をしました。研修を受けるうち夕方になり、ヒグラシの鳴き声が聞こえてきた。それを聴いているうちに、ふいに涙がぼろぼろ流れ出して、止まらなくなりました。自分がひどく素直になって泣いている。ビックリしました。

僕は大学時代までワルでした。硬派で、中学の時はクラスの番長的存在でした。校庭の隅で同級生が取り囲むなか一対一の喧嘩をしたりしていた。ふりかえってみると、小学校二年の時に父親と死に別れて、母親に逆境のなかで人に負けてはだめだと励まされて育ってきましたし、腕力的に強かったこともあってツッパって生きてきたんですね。

素直さとは、学術的に言うとすればロジャースの言う純粋性、自己一致でしょうか。その体験をしてから、僕は少年の素直さにこだわるようになっていくんです。こんな俺に素直さがあるのであれば、少年のなかにもそれがあるはずだ。少年は体裁《ていさい》やツッパリ、かっこつけで素直さを隠してるのではないか、そのごまかしに対しては厳しく対峙《たいじ》する。少年院の組織としてということでなく、人と人のぶつかり合いとしてとらえました。少年に対して、本当にお前はそうなのか、と追いつめていく。厳しく追いつめた後に、今度は彼らを受容する。厳しさと優しさの使い分けをしていたように思います。

法務教官になった最初は何もわからないまま、先輩のマネをしていました。それが多摩の時代ですね。

そしてカウンセリングを学んでから変わった。昔は、少年を力で抑えるという手法もないわけではなかったのですが、カウンセリングを学んでからは一切そうしなくなりました」

ロール・レタリングという手法を見出す

ところが、素直さを追求するだけでは通用しない少年も出てきた。和田さんが出院準備寮を担当していた時、出院間近の少年がひどく荒れたことがあった。出院後に母親が引き取れないと言ったことにショックを受けた少年は自暴自棄になり、周りの少年たちも影響を受け始めた。

「少年は少年院で頑張ってもつまらんと、インフォーマルなグループを作り始めた。カウンセリングをやっても開き直られてしまう。素直とか受容というだけでは通用しなくなった。サイコドラマや交流分析のエンプティ・チェア・テクニック（注　空の椅子に座る相手を想定して、相手に話しかける。次に空の椅子に移り、今まで自分がいた椅子に話しかける。二つの椅子の間を移動しながら、立場を替えて会話をすることによって心の中にある葛藤を表面化し、処理する心理技法）もやってみたのですが、ダメでした。完全に行き詰まってしまったんです。

そこで少年に、お前が言いたいことを、お母さんに宛てて、手紙に書いてみなさいと言ってみたところ、少年が母に対する悪口をいっぱい書いてきたんですね。じゃあ、今度はお母さんになったつもりで自分に書いてみるよう勧めてみるとまったく書けない。ところが自分から母親に対してはまた書ける。それを何度か繰り返すうちに、少年が母親からの手紙を書いたんです」

それは交流分析のエンプティ・チェア・テクニックで使われる椅子の機能を手紙に移し替えるアイデアから生まれたものだった。少年が初めて書いた母親の手紙は、母親が兄夫婦の家に同居している立場

和田英隆さん

をおもんぱかったものだった。ただでさえ兄嫁に遠慮して暮らしているのに、少年が戻ってくればますます兄嫁に対して申し訳が立たないという母親の気持ちを想像して書いた内容だったのである。その手紙をきっかけに面接で話し合いが進む。そして、少年自らが更生保護施設《こうせいほごしせつ》に帰ることを望むようになった。

「仲間の法務教官と一緒に、こりゃうまく行ったばいと喜びました。そこで、今度は扱いにくいあの少年にやらせてみようか、と別の少年にやらせると、またうまく行く。こりゃ、深まって行ったばいというわけで、出院準備寮の担当者で盛り上がり、次々に試していくんですね。そのうち、当時、人吉農芸学院の次長をされていた春口徳雄さんが、勤務日誌に書いた私たちの感想から私たちの取組みに気がつかれた。そして私たちに、何をしているんだ？　と尋ねられた。それが、きっかけで先輩の法務教官が少年の手紙を次長室に届けるんです」

春口徳雄氏は法務教官を退官後も、人吉農芸学院の法務教官たちが現場で見出したロール・レタリング（役割交換書簡法）を理論化し、この手法を普及させることになるのだが、その理論を語るなかで次のように語っている。

《和田英隆先生が生徒に指示された「母から子どもへ」という手紙を見た瞬間、これまで問いつづけてきた心理技法の課題に強烈な示唆《しさ》を受けた。その時の異様な興奮にその夜は一睡もできなかった》
（『ロール・レタリングの理論と実際』春口徳雄編著、杉田峰康監修、チーム医療刊）

「少年たちは育つ過程で、怒りや嫌悪感などの鬱積《うっせき》する感情を抱え込んでいて、自己表現がうまくできない。〇歳から五歳までの間に親との間で、ス

担当する寮の教官室で手紙や日記に目を通す。

キンシップや愛情をうまく与えられず、親との一体感を持つことができなかった。その後の親との分離過程で甘えたくても甘えきれなかった。そういう歪《ゆが》みがある。少年の遠い過去にかけ違いがある。非行少年にかかわるなかから、子育ての大切さを学ぶことに興味を持っているんです。ただ、僕は、そういう少年が思春期になっても、そうした歪みを修復できると考えているんです」

筆者は和田英隆さんが訥々《とつとつ》と語るロール・レタリングの開発の経緯を聞きながら、不思議な感慨にとらわれていた。

少年が本人を取り巻く父や母といった他者になりきって言葉をつむぐ作業は、物語を創作するために作家が頭のなかで行う仕事の、基本中の基本なのである。他者の内面を想像する作業は暗礁《あんしょう》に乗りあげるのが当たり前である。そこで、創作者は自分の内面に立ち戻り、自我という暗闇のなかで出口を探そうともがく。もがくうちに自分の思い込みを打ち破り、これまでとは立ち位置の違う視点を発見する。そこで一ミリ進んで、またわからなくなる、という繰り返しが文学的な営為《えいい》だ。文学の場合は、二千年におよぶ古典という名のひな形があり、多くのバリエーションがあるため一見複雑に見えるが、根は一緒である。

　自分の書いた言葉を他者の眼で見るということは、自分を他人として捨てる、いわば「仮死」の体験でもある。バンジージャンプや野外の放浪といった、若者を共同体に受け入れるための民族学的な通過儀礼は必ず、こうした仮死の体験を持っているものだが、現代日本の地域社会はそうした経験主義的な少年の育成方法をほとんど捨ててしまっているように見える。

　ロール・レタリングという処遇方法は、きわめてソフトな通過儀礼の一方法だと筆者は理解した。そして、少年院に来た少年が法務教官と向き合うなかで、そうした思春期らしき過程を過ごせることを祝福したい気持ちがある一方で、少年の思春期につきあう大人も文化も消滅しつつある日本社会を悲しく思う。

　和田英隆法務教官は、寮の二階にある薄暗いデスクの前に座って、今日も少年たちの手紙に目をこらしているのだろう。

（追記　その後、人吉農芸学院のフェンスは逃走事故をきっかけに補修され、完全に閉じられてしまった。筆者としては、不完全なフェンスによって培われた法務教官の誇りが、語りつがれ、継続していくことを願っている。）

3 深田幸子《ふかださちこ》さん

生きていれば、なんとかなるやん。

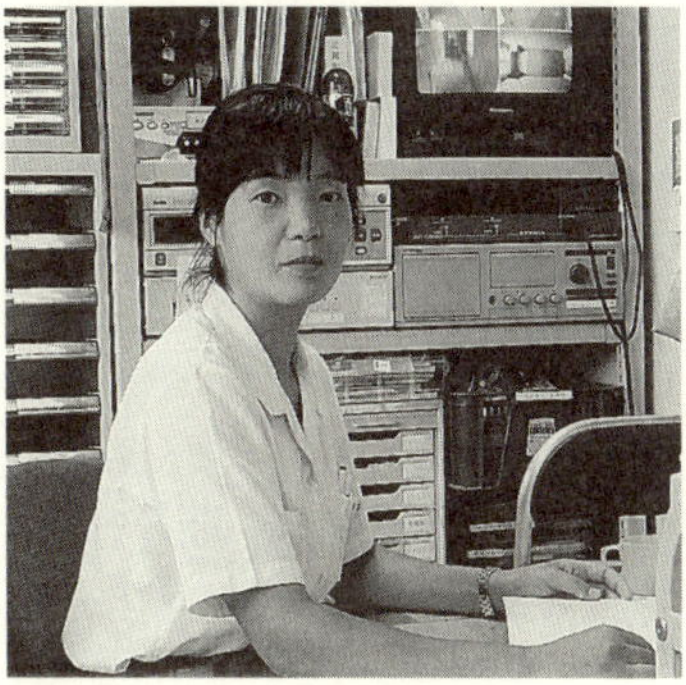

◆プロフィール
平成6年
　交野女子学院拝命
平成14年～現在
　交野女子学院

大阪府交野《かたの》市にある交野女子学院にでかけた。男子を収容する少年院ばかり眺めている目に、交野女子学院はひどく愛くるしい施設に見える。アーチ型の正面玄関は地中海の街並みを思わせる純白に輝いているし、芝生敷きの中庭にふっくら繁茂《はんも》した木立がある風景も美しかった。明るく清潔な感じがする。男子の少年院となにが違うのだろうと考えるうち、どうやら建物の入り口に並べてある傘や上履《うわば》きや教室の細かい調度品などの色合いらしいと気がついた。淡いピンクやパステルブルーなどは、男子の少年院ではついぞ見ない色で、私のイメージする少年院はベージュ一色なのだと、いまさらのように気がついた。

朝礼のため、グラウンドには九十名ほどの女子少年たちが二列ごとの三隊に並んでいる。長期収容の年長組、長期収容の年少組、短期の少女たちで、長期年長と年少がそれぞれ約四十名、残りが短期だという。送致非行名の統計を見ると覚せい剤が一番多く二十八名、次いで窃盗が十七名、ぐ犯の十五名が三位になっている。ここにいる少女たちは、それぞれに人生の深い裂《さ》け目を見ているのだろう。

院長の挨拶を聴くと、少女の一人が前に立ち、手で拍子をとるのに合わせて歌を歌う。また別の少女たちがそれぞれの隊列の前に出て先導し、エアロビクスダンスを踊る。

「けっこう健康的だなぁ」

内心、ちょっと戸惑っている。

彼女たちを見守る法務教官も女性が多く、男子の少年院の野外活動で感じるような法務教官の緊張感、威圧感はない。

男子の少年院は時々、圧力釜のように見えることがある。身体に合わないそろいの服を着て少年たちがムスッとした顔で並んでいるのを見ると、少年たちの内心に渦巻き沸騰《ふっとう》している膨大《ぼうだい》なエネルギーを思ってしまう。そして彼らの上に法という巨大な鍋蓋《なべぶた》がかぶさっているのがありありと想像できるのだ。

ところが女子の少年院はそのあたりがあいまいだ。

十数年前に榛名《はるな》女子学園を見学した際、収容されている少女たちの顔を見て思ったのは、女子少年院は避難所のような場所ではないかということだった。私が男であるために彼女たちの微細《びさい》な表情が読みとれないのかもしれないし、心のうちを重ね合わせることができないためかも知れないが、女子少年院は謎の存在である。

女子少年院の法務教官はどんなことを考えながら、少女たちと向き合っているのだろうか。

女子少年の詩に泣く

「女子少年院というところは混成集団ですね。いろんな人がやってくる。ここに来る子は少女のなれの果て、と言えばいいのかな。世間の厳しい目が想像している悪い少女ではなくて、もっと幼くて、もっと困っている人たちです。そして必死ですね。

彼女たちは人生の岐路《きろ》に立っている。外にいると、周りの人が適当に助けてくれるとか、だれかに甘えていればなんとかなるやんという気持ちが十代の子にはあって、必死に生きてるわけじゃない。それほど生き方に困っている人は見たことないし、せいぜい就職とか恋愛に行き詰まったという程度ではないでしょうか。ここの子はなんとかしてこの局面を変えていかなければいけない。ここから先どこ行くの、十年後にどうなっていたいのということを教官からも言われますし、本人もそう考えていますね。

その子たちをお手伝いさせてもらっている私はいい思いさせてもらってますね。何度も生き直している感じがする。

少年院に来た子に幸せになって欲しい。だけど、ここに来てあがかないと幸せになれない。それは、あなた（少年）の仕事でしょというスタンスです」

深田幸子さんは昭和四十六年、大阪府堺市生まれ。父はサラリーマン、母は専業主婦というごく普通の家庭で、二人の弟を持つ長女として育った。法務教官という職業を知ったのは奈良女子大学四年生の春であった。

「卒業を控えて真面目に仕事を考え始めた頃、民間の会社案内にリクルートスーツを着て出かけてみたんです。その時、トコロ天みたいに押し出された人たちがダァーッと並んでいるのを見て、ふと、みんな、ここからどこかの巣箱にトントンとおさまっていくんだなぁ、と……。なんかヤダ！　と思った。

それなら公務員も考えなあかん。はじめに目についたのは家裁調査官でした。大学では心理学専攻ですが、臨床心理ではなく実験心理学です。ラットを使っていろいろな実験をしていたんです。家裁調査官の仕事をみつけて、これいいやんと思ったんですが、勉強がもう間に合わなかった。

その頃、大学に一年上の先輩が聴講生で残っていました。その人が図書館で勉強しながら法務教官を目指していたんです。その先輩に教えられて法務教官という仕事を初めて知りました。先輩は大学の近くにある奈良少年鑑別所に配膳の準備をするアルバイトもやっていて、鑑別所の様子を聞いたのですが、はるか遠くの話だと感じましたね。ともかく大学四年の六月に法務教官の試験を受けてみると、筆記、面接、最終面接と通っちゃった。残念ながら先輩は落ちてしまった。合格がわかってから、先輩から借りた交野女子学院の子どもたちが書いた『とんがらし』という詩集を読みました。ショックでした、すごく。自分と同じ年頃の子が一年間、少年院に入っていて、塀から出たい、金網をよじ登っても帰りたい、そんな詩が書いてある。こんな気持ちをぶつけられたらどうしよう。自分は受けとめられない。こんなところで働けへん。自分がひどくちっぽけに思えて、泣きましたね。

法務教官を拝命した時は三日目に辞めたいと思いました（笑）。入浴立会《にゅうよくりっかい》という二十名くらいの子たちが裸でお風呂に入るのを見守る仕事をやって、なんでこんなことせなあかんの？　と思いました。法務教官のこのような仕事の大切さがわかったのは二年目のことでした。

一年目は短期の寮を受け持ちました。私は当時二十二歳で、収容されている子のなかには二十一歳の人がいました。一歳や二歳下の子に身の振り方を相談されても、身を引きますよね。でも引いても許されないんです。家族との仲介を頼まれたり、こちらに思い切りすがってきたり、それまでの私の人生にはなかった濃い関係なんです。女子少年院というのは男子と比べて、少年と法務教官の距離の詰め方が違う。女子のほうが距離が近いんです。それに応えるためには自分もむき出しになる。私はそれに適応できたんだと思います。

法務教官の見習いは一応、半年ですが、ここは若年職員が多いのでそれでは回らないんです。四月に拝命して、五月の連休が終わった頃に当直に入るのですが、その頃から数人の子どもの個別担任をするようになります。若い法務教官はあっぷあっぷになって頑張ってます。

ここは実科は午前中だけで午後からは衛生講話、体育、集会などのホームルームのような内容なんです。実科以外のものをなんでもこなさなきゃならない。そこそこの技量を若い法務教官も求められるんです」

先生の心の中に、あなたの居場所はある

現在の深田さんは一見すると芯の強そうな、落ち着いた雰囲気の女性である。話を聞きながら考えたことだが、似たタイプの女性をあげるとすれば作家の向田邦子《むこうだくにこ》だろう。長女として育ち、賢い優等生として小学一年の頃から落ちこぼれタイプの子どもの世話役を周囲から期待されていた。だから法務教官という仕事はそれまでの自分の役割と良く似ていた。だから適応は早かったのかもしれないと深田さんは言う。本人の心のうちにある葛藤はともかく、周囲の同僚からはそう見られてしまう。頭の回転が早く、冷静な語り口がそうさせるのだろう。

「少年院に入ったばかりの頃でも、女の子はけっこう最初から自分を出してきますね。自分のやった犯罪については、やっちゃったぁ、とケロッとしていることが多い。ただ、少年院に来たことについては、無理矢理ひきはがされて連れてこられたという意識が強い。たとえば覚せい剤で廃人同様になっていても、彼氏なのか薬なのかはわかりませんが未練ありありです。捕まって少年院に入れられなければ薬から抜けられなかったという意識はあっても、だからといってこんな所に来るなんて、と考えています。それが少年院にいるうちに、本当に怖かったんや、あかんかったんや、救われたんや、と思えるようになったら成功でしょうね。そういう気持ちになるまでに七カ月から八カ月くらいかかるんじゃないでしょうか。薬害教育もしていますし、ここではフラッシュバックで苦しむ子を目《ま》の当たりにします。恋人と一緒に薬をやっている子なら、引き離されて考えているうちに気持ちの整理がつきはじめる。

少年院の中庭で、同僚とともに。

　法務教官はそういう子たちとつきあっていく。短期収容の子たちとはお互い深く突っ込まなくてやっていけるのですが、一年以上の長期収容の子とつきあってると、すがられるんです。そうなった時、法務教官はとにかく言葉を受けるんです。

私はよく『先生の心の中に、あなたの居場所はもうあるんだからどんな話も受けるよ』と言いますね。いろんな話を聞いて、そっくり言葉をいただきます。そして少年院の生活のなかで、言ったことと違うことをしたら指摘するんです。それを繰り返しながら関係を作っていきます。

そういう関係を何人もの少年と持つわけですが、入院時期はばらばらですから関係の進行具合もそれぞれで、そんなに大きな負担になるわけではありません」

法務教官と少年のハネムーン

「そして、ある時ハネムーンという状態になるんです。心が通じて、こんなにわかりあえるんだ、とお互いが感じる時期が続きます。異性であれ、同性であれ、本音で話し合える。親友の関係に近いかもしれません。

ハネムーンとは違う依存《いぞん》関係になることもあります。幼稚くさい子との関係や自分が法務教官として未熟な間は、愛し合い憎み合うという依存関係になりやすい。愛し合い憎み合いは本音とは違います。心の底の本音が出てくる時にはもっと穏やかに話し合える。

ハネムーンが続く期間は人によってさまざまです。私の場合は受け持っている子が一級上（注　少年院では収容期間を二級下、二級上、一級下、一級上の四つに分け、進級していくシステムとなっている。一級上は矯正教育の最終段階で仮退院の準備期間）になり出院が近づくと、ハネムーンのままではお互いに痛いので、少しずつ手を引いて次第に外の社会に目を向けさせるようにしていきます。昔はハネムーン状態をずーっと続けて、泣いて別れるという体験もしたことがあるんですが、あまりにも痛いので、その子の予後にも良くないのではないかと自分なりに考えて、最近はそうしています。……。嫌な大人になってますね（苦笑）」

ハネムーンは特定の技法や場面設定を介するわけではなく、ある時ふと訪れるのだという。少年院の暮らしを通じて、法務教官と少年の壁がなくなり、人間として互いの存在を素直に求め合い、認め合う瞬間が来るのだろう。もちろん男子少年院の処遇のなかにも、それがあることは明らかだが、深田さんが語るような人格と人格が重なり合うような人生体験こそが女子少年院という場が持つ最も大きく深い効用なのだと納得できた。それは外部から見てわかるような形のあるシステムではなく、法務教官と女子少年の個々の日常の細部にちりばめられた粒ダイヤのようなものとしてあるらしい。

「少年たちが少年院を出ていく時、心の中に担任の姿や言葉を入れていく子は多いと思います。そういう想い出が次の足場になるようです。手紙には『シンドなった時に、先生を思い出す』と書いてありました。

おもしろいですよ。子どもが変わっていくのを、見させてもらっているのは。スタンスはそれぞれの子で違うし、伴走する子もいれば、引っ張る子もいるんですが、イメージ的にはマラソンを走ってる後ろの伴走車から激励している監督みたいな感じですね。一人ひとりの人生は頭の下がるような十何年間を送ってきた人が多いので、その子から人生マラソンを始めるのを見させてもらえるのは喜びです。一生の仕事として選んだつもりなので、ずっと続けて行きたいと思います」

4　佐々木世紀《ささきせいき》さん

脂汗《あぶらあせ》を流しながら、少年を見ているだけです

◆プロフィール
昭和49年
　八街少年院拝命
昭和59年〜現在
　東北少年院

東北少年院を訪ねたその日、出院式を見た。

三人のブレザー姿の少年が、涙を流していた。嗚咽《おえつ》をこらえながら、変われなかった日々を語り、仲間の前で更生を誓う。

「今どきの子が、照れもせずにここまで正直に泣くものなのか」

そんな驚きがあった。

一方で「この素直さは、外に出たあと、どのくらい長続きするのだろう」と、疑問も湧《わ》いた。規律正しい行進と点呼、あらゆる欲望から隔離された暮らし、日常的に自らの内面をのぞきこむことを強いられる法務教官との関係性。少年院という山上湖で鎮《しず》まった心は、川を流れ、海に出るたびに試される。少年自身の物語はエンドレスに続いていくのである。

「少年院のなかで、法務教官が少年を治そうと大それたことを思うのは、すでに失敗だと思います。

もちろん叱《しか》ったり、進級させるために熱心に指導したりしますが、そういう時にはうまくいかないものです。法務教官も子どもも感動を得られない。結局、少年本人が感じて、気づくものしか残っていくものはない。法務教官がやらせたから、本人が気づくというものではないんです。極端な言い方かも知れませんが、少年は治らなくてもいいんじゃないでしょうか。少年院のなかの一年間は必ず価値があることで、そこで振り返ってきたことはその子にとっては重い事実になって残っているわけですから、社会で失敗してもいいんじゃないんでしょうか。その失敗は以前とは変わっている、と僕らは負け惜しみを言うのですが、たぶん負け惜しみじゃない気がしますね」

　佐々木世紀さんは東北少年院の専門官として、中間期の寮主任を務める法務教官だ。建て前は言わない。現場で、少年と向き合うこと、本音で話し合えるかどうかが法務教官の仕事のほとんどだと言い切る。現在五十四歳だが、管理職には興味がないようだ。職人と言って良いだろう。

コンプレックスの塊だった高校時代

　佐々木さんは昭和二十六年春、北海道の中富良野《なかふらの》に生まれた。父親は小学校の校長先生。六人兄弟の四男であった。

「父親は明治四十四年生まれで、最終学歴は尋常高等小学校です。小学校の給仕として働いた後、資格をとって教師になった。私がものごころついた時にはすでに校長で、へき地ばかりを赴任していた。小学校時代の大半を過ごしたのが下川郡の上《かみ》パンケ村の開成小学校、中学が音威子府《おといねっぷ》村の咲来《さっくる》中学校でした。同級生には開拓に入った農家の子どもが多く、米がとれないので、弁当は麦飯に梅干し、トウモロコシだけを持ってくる。弁当を持って来れない子もいました。貧しかったですね」

佐々木さんを法務教官の道へ導いたものは何だったのだろうか？

「中学一年生の時です。兄たちが越境入学をして旭川の中学校に進んでいたので、私も行くことになりました。小学校では校長の息子だし、複式学級の小さなクラスですから頭がいいことになっている。ところが旭川に行ってみると、今までとレベルが違うわけです。自信がなくなってしまい、一学期を終えて咲来中学に戻りました。咲来は一学年ひとクラス四十名で、やはりトップとして過ごしました。そして名寄高校に進学するのですが、ここもレベルが高かった。なんとなくおもしろくなくて、学校をさぼって河原で遊んだり、学校で映画を見ている時にわざと床に寝転んでみたり、先生にとって扱いづらい生徒でしたね。周りにはグレた仲間がいるんですが、自分はそこまでにはならないぞという気持ちはある。しかし、彼らの気持ちはわかるんです。高校三年の時、二年上の先輩から話を聞く機会がありました。その人が淑徳《しゆくとく》大学に通っていて、中村藤太郎《なかむらとうたろう》という教育学の教授で、保護司もされている先生に教わっていたんです。先輩は後にケースワーカーになるのですが、話を聞いて、少年院の先生もいいなぁと考えました。二十歳の頃は劣等感があったんでしょう、積極的に打って出るという感じがなく、自然な環境、田舎な環境を指向していた。北海道で教師をするという選択肢もありましたが、兄弟はみんな学校の教員ですから、そちらには進みたくない。比べられたくないと無意識に考えていたのかも知れません」

教護院か少年院か

佐々木さんは千葉県にある淑徳大学に進学し、中村藤太郎教授の非行ゼミに参加した。中村教授は温厚な人柄で、更生保護に対する情熱が伝わってくる人物だった。保護観察所に三週間、初等少年院に一週間泊まり込むなど更生保護実習が充実しており、大学生にして現場を見ることができた。

「保護観察所に行ってみると、保護観察官が何件か少年を受け持っていることはわかりました。見ていて、保護観察官は子どもと直接話す機会がないんだな、と思った。一対一の人間として、子どもとつきあう仕事がしたかったんですね。少年院に行ってみると、例のオイッチニの行進を見ました。そこにはブラスバンドがあって、十名の楽団を先頭に寮生が行進してくる。異様な雰囲気だと思いました。少年院には違和感がありました。教護院のほうが子どもとつきあえるかなと漠然と考えていた」

卒業が間近になると、就職先は二つに絞られた。千葉県下の福祉事務所と群馬県の教護院だった。福祉事務所には試験に合格。ケースワーカーの仕事で、内容は保育園の入園希望者の線引きをする仕事だった。あまり気がのらなかった。

「教護院はすぐに来てくれ、という回答でした。ただ、結婚して来て欲しいというのです。夫婦小舎制の即戦力として期待されていたんですね。様子を見に訪ねてみると、そこで働いている若い女性とそれとなく引き合わされて、あの方と結婚されてもいいですよ、という働きかけまでされた。私はすでに妻とつきあっていたので、夫婦小舎で一緒に働けないかと相談しました。妻は、将来子どもが生まれたら、そんなことができるとは思えないと言う。教護院はあきらめました。そこで、八街《やちまた》少年院の考査試験を受けることにしました。当時は法務教官採用試験はなく、少年院が個別に選考採用していました。院長による面接だけでした」

　昭和四十九年四月一日、佐々木世紀さんは八街少年院の法務教官を拝命する。

「法務教官になってわかったことは、自分は法務教官の仕事が何もわかっていなかった、ということでした。大学の四年間、非行少年にぶつける中身を何も考えてこなかった。具体的に自分ができることが何もないんです。八街では農園芸を受け持って、ナス、トマト、スイカなどの果菜の担当でした。農業は勉強さえすれば、自分の素《す》でできました。

　今は熔接《ようせつ》の指導をしていますが、東北少年院に転任してから首席専門官に命じられて指導者の資格を取ることになり、神奈川県にある職業訓練大学校に半年間行かせていただきました。ただ熔接の指導をできることが、法務教官の仕事かと言われれば、そうとは思えない。熔接も専門的なところに入ると、僕よりも子どものほうがずっと上手なんですよ。東北少年院では熔接や配管、電気工事などの資格をとる職業訓練をやっていて、少年が努力すれば段階的に手が届いていく。僕らはただそういう道を示すだけです。食いつくのは少年ですから」

自分で自分の柱を立てる

「若いうちはなかなかつかみづらかったんですが、東北少年院で見ていると若い法務教官の人たちは体育を通して、個別担任としてのやりとりを通して、面接を通して一人前のやりとりをしています。では、なにができたら法務教官なのかというと、おそらくだれもが初めて行進や点呼を見てカルチャーショックを受けたと思いますが、ああいう部分は法務教官の仕事にはあまり関係ないと思うんです。社会でどう生きるかということを少年が本音でしゃべったり、法務教官が本音で伝えたりできればそれでいいんじゃないでしょうか。

　年取ってからのほうが、法務教官はおもしろい仕事だなぁと思うことが多くなりました。子どもにいろんな思いが伝わるというか、思いが返ってくる部分でしょうか。たとえば、子どもが今までの過去をしゃべっているうちに、本人なりにいろんなことに気づき始めて、目つきも考え方も変わっていく様子が見えたり、手紙にあらわれたり、職員との話し方にあらわれたりする時は嬉しいですね。……。脂汗を流しながらですが（笑）、必ずあるんじゃないでしょうか。

　少年院のなかにいる子どもたちは、こういう枠のなかに入って、いろんな意味で規制されたなかで、職員から指導を受けるということに圧力を感じています。デリケートで、下手くそなんです。むしろ、一般の子よりナイーブで、人を思いやる心がある。しかし、自分で自分の柱を立てられないというか、主体性がない子が多い。自分の方向性を見い出す力がなかったり、続けていく力がなかったりするんです。

　少年院は新入時はとても成功していると思うんです。自分が失敗し、審判を受けて、『私のしたこと』について逃げようとせずに直視しようとしています。ところが、そのうち同じ鑑別所から仲間が入ってくると、自分に向き合う気持ちが薄れてきます。

　中間期の最初の四カ月もまた難しい。同じような仲間が増えて、傷のなめあいみたいに、なれあいやふざけ、仲良しと仲悪い人という風に色分けを始める。自分のことをみつめられなくなる。そうさせまいとするために、法務教官はかなりエネルギーを使います。特定の人と仲良くしたり、他には違う態度をとっている。寮の休み時間に特定の仲間とこそこそしゃべっている。そういうところを法務教官はか

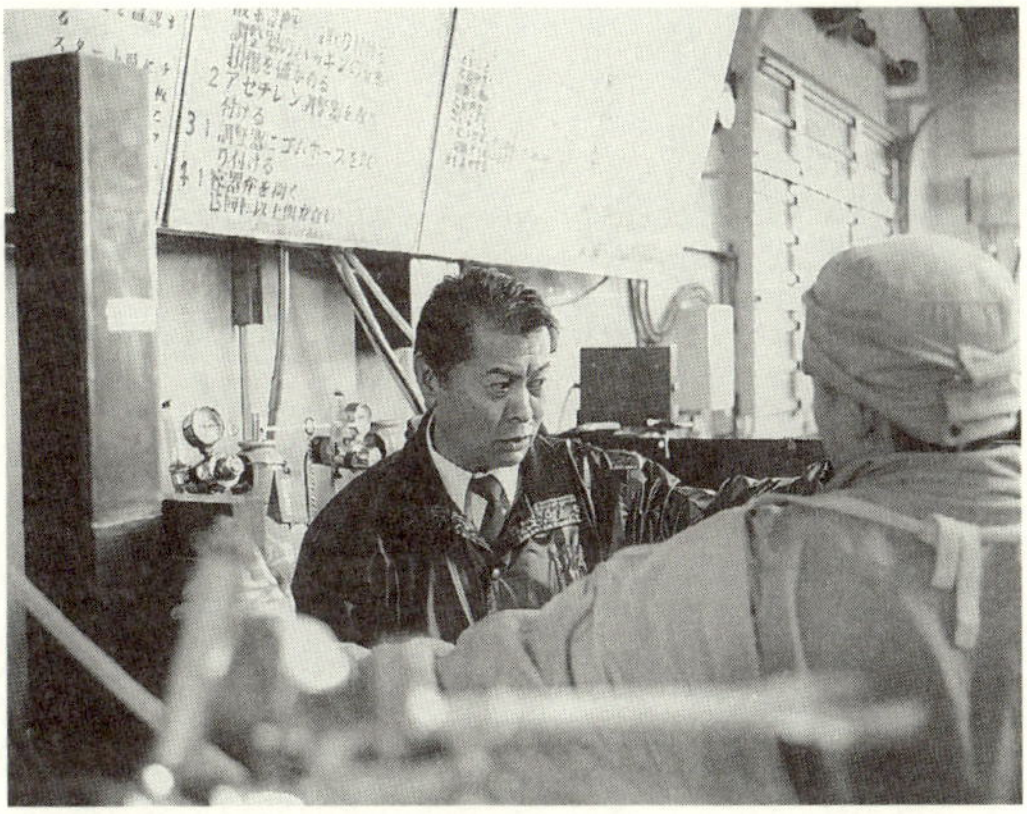
東北少年院の職業補導。溶接を学ぶ少年と話す佐々木さん。

なり真剣に見ていますし、これみよがしに少年にわからせる態度をとることもありますね。

そしてタイミングを見て集団から引き離す。うちには七寮という単独寮がありますから、それを有効に使えます。三日から一週間、一人で考えてみようかと声をかけて七寮に入れる。九十五パーセントの子どもは不本意でしょうね。五パーセントの子はそれもいいかな、と思っている。それが一人きりで考えてみて、良かったと思える子が三割になればいい。正座して黙想をしている子もいますが、私は評価しませんね。外見だけですから。ただ、正座してきっちり反省した態度を見せることを歓迎する空気はあるのでしょう。あぐらでいいんですよ。あぐらをかいてリラックスしていたほうが集中できます」

法務教官の本当の仕事

佐々木さんは、少年との一対一のつきあいのなかに感動がある、という。職業補導を見学している際、ズボンをずらしてはいている少年がいた。佐々木さ

佐々木世紀さん

んは「あの子はえらいところがあるんです」と言う。家庭がばらばらで、淋しい思いをしてきたにもかかわらず、自分の力で不偶感を乗り越えている。外見はだらしないけれど、と語る目が優しい。

内観療法を指導した少年がいた。父母は離婚して、親子のつながりは希薄だ。覚せい剤で失敗し、ヤクザに追われた末に少年院に来た。その少年は内観を通じて、恨みを感じていた父親が自分を叱ってくれたことを思い出し、父との関係を新しい目で見るようになった。

佐々木さんの頭のなかに詰まっているのは、そうした一人一人の少年が抱えている悩みや不安であり、それを乗り越えた瞬間に立ち会う喜びであるようだ。

「僕には少年が可愛いという思いが強い。そういう意味で贖罪教育に対する意識は薄かった。被害者から見ると、温度差はあるでしょう。ただ少年が自分を取り戻さなければ更生はありえない。少年を人間として扱わなければ、たぶん自分を取り戻せないでしょう。もちろん自分の罪を認識したり、批判されることは大切です。それがなければ少年院の意味はない。それはおろそかにできない。しかし、少年院を反省の場とだけとらえていくと法務教官は間違えてしまうと思います。

少年が新たな出発をするためには、少年が自分の価値を見い出すしかない。自分が主体性を持って生きなければ反省はできても、償《つぐな》いはできないですよ。非行に陥るのは、自分の人生を主体的に生きていないということですから、自分の再発見がやはり大きな柱ではないでしょうか。自分を再発見した子は下を向くばかりでなく、何かに向かって行こうとするようになります。日常の失敗を恐れなくなるんですね。

少年の心は少年院で開発することができると思い

ます。やれてないのは、少年と親との関係への働きかけです。親の問題とともに少年は今を生きている。親のいたらなさがあり、子のいたらなさがあって、お互いに不幸になっている。子どもが変わったことを、親にどう知らせるかという課題があります。親を少年院に泊めて、少年と向き合わせるという制度はあるのですが、親の家が遠くてなかなか来られないし、私たちも充分にやれていないんです。

　本当を言うと、五十四歳になった今も朝起きる時に今日は行きたくないなぁと思うことはありますが、仕事は好きですね。生徒と今日も闘わなければならないというのが、おっくうなんです。でも、それなしに感動はないわけですから。まぁ、車に乗った頃には、その気になってる。僕なんかの場合は、いい思いもできるさ、という気持ちは揺らがない。一対一の人間として、ここに来ているので、それで満足です」

5　長田《おさだ》　亮《りょう》さん

十八歳の時、涙が涸《か》れてしまったんです。

◆プロフィール
平成８年
　多摩少年院拝命（現在に至る）

東京都八王子の多摩少年院にでかけると若い法務教官が待っていた。

長田亮さんは、多摩少年院で法務教官を拝命して取材当時は十一年目。途中、庶務の仕事を四年間こなしたが、他の少年院で働いたことはなく、多摩ひと筋だ。

みごとなスキンヘッドである。多感そうな切れ長の目を持っていて、一途《いちず》なしゃべり方をする。筆者は、長田さんが法務教官として強面《こわもて》のタイプなのか、やわらかいタイプなのか、話していてもなかなかわからなかった。物言いの向こうに、筋の通った何かを強く求める心と非常に繊細《せんさい》で傷つきやすい心が交互に現われてくるように見えたからだ。

まずは少年時代の話を聞いた。

「私は昭和四十八年に仙台市で生まれました。父親は商社に勤めるサラリーマンで、転勤先で生まれたんです。その後、五歳の頃から埼玉県蓮田《はすだ》市に引っ越して、そこで育ちました。専業主婦の母と二人の兄がいて、二学年ずつ離れた三人の男兄弟の末っ子でした。毎日喧嘩です。いつも泣かされて、悔しさのあまり台所から包丁を持ち出して母親から叱られていましたね（笑）。二つ上の兄が生き物が好きで、とても仲が良かった。二人で近くの川や池にフナ、タナゴ、クチボソ、スジエビ、テナガエビを捕りにいく。釣るのも、見るのも、飼うのも好きでした。兄は水族館の館長になるんだといっていました。私は漁師になるのがあこがれでした」

　恵まれた子ども時代と言えるだろう。三人の兄弟はなかなか優秀だった。現在、長兄は弁護士に、生き物好きの次兄は環境省のキャリアとなってアホウドリやジュゴンなど絶滅危惧《きぐ》種の調査にかかわる仕事をしているという。「三人兄弟のなかでは私が一番落ちこぼれなんです」。そう長田さんは笑うが、進学校だった春日部高校から上智大学文学部教育学科に進む。上智は都心にあり、帰国子女の多いハイソなイメージの大学だが、長田さんは空手部で汗を流す体育会系で、あくまでも「異端」だったという。

会社員にはなりたくない

「中学ではサッカー部のキャプテン、高校時代は町道場で空手を習っていました。表立った反抗をする生徒ではないのですが、ダボダボのズボンにとがった靴を履いていて、教師から見たら扱いにくい生徒だったでしょうね。大学は教育学科でしたが教師になる気はまったくなかった。その頃から、非行少年に興味があって、警察官になって少年事件を扱いたいなぁと考えていました。民間の会社に入る気はありませんでした。子どもの頃、父が仕事で苦労するのを見たんです。仕事で苦労して会社を辞めて、会社を興《おこ》した。経済的にもけっこう苦しかった。家族のためとはいえ、なんでこんなに苦労しているのかなと、疑問を持っていました。相当やりがいのある仕事じゃないと自分には向かないと思っていました」

大学時代に身体を使う公務員という選択肢がはっきり見えてきた。公務員を紹介する雑誌で法務教官という仕事があることを知った。同じ頃、地下鉄サリン事件が起こり、消防士という仕事にも興味を持った。最終的に警察官、消防官、法務教官の採用試験を受けた。

「試験を受けてみると一次は合格しました。そして消防の二次試験が法務教官の二次試験と重なってしまいました。けっこう悩んだのですが、せっかく大学に行かせてもらったし、それを生かすならと、法務教官を選んだんです。四月一日に拝命するまで、法務教官の仕事がどんなものか全然知りませんでした。多摩少年院に来て、少年たちがずいぶんしっかりしているんだなと驚きました。いわゆる不良少年が集まって、職員に向かってきたら蹴散らしてやる、と自分の姿を想像していたんです（笑）。ところが先輩たちが、これだけの数の少年たちをまとめて教育していることにびっくりしました」

多摩少年院の伝統

筆者は多摩少年院を訪ねるのは三度目である。「東の多摩、西の浪速」といわれ、いわば少年院の模範として、過去にさまざまな処遇論が議論され試されてきた場所であることは聞いてきた。施設の中央にある体育館から威勢のいい剣道の気合が聞こえてくるのも、以前に訪ねた時と同様だ。少年院は場所によっては病院のような、どこか下界と違うゆったりとした時間が流れている気配があるものだが、ここはひどく生産的なのである。

取材当日の朝礼では、めまいがするほど立派な出院式を見た。ブレザー姿の少年が壇上に立ち、自分の非行を反省し、迷惑をかけた父母へ陳謝し、感謝を捧《ささ》げていた。みごとに練《ね》りこまれた仮退院の辞を一文字も読み違えることなく朗読し、体育館の後ろで待つ父母のもとへ堂々と歩いて行く姿を見て、本当に驚いた。隙《すき》がないのである。仮退院生のこうした姿を見た少年たちは、そのように立派に巣立っていくことを自然にイメージするようになるだろう。

二年ほど前に見学した時には、玄関先で仮退院する少年が感極《かんきわ》まって法務教官と抱き合い、喜びを爆発させているのを見た。厳しいステップを踏み越えて、とうとう少年院の外に出た、その誇らしさが身体いっぱいにあふれていた。それが多摩の伝統ということになるのだろう。

長田さんが担当する第一学寮に行ってみると寮生たちが昼食の配膳をしていた。エプロン姿の少年たちがキビキビと声を掛け合いながら、飯をよそい、汁をつぎわけている。

「うーん。信じられない」と私はつぶやいた。少年たちは一声ずつの応答なら自由に発語していいことになっているのだが、話している敬語がしっかりしている。少年たち全員が、まるで老舗《しにせ》の料亭で板前修業をしている若者たちのように訓練されている。この配膳の様子を見たら、茶髪でだらだらした若者に辟易《へきえき》している飲食業界の経営者たちが狂喜し、その場でスカウトするのではないかとさえ思った。

「多摩の場合、五つの寮があって、一つずつ雰囲気が違います。多摩には五つの少年院があるといわれる。それぞれの寮の伝統と決まり、職員のカラーがそうしているのでしょうか。私のいる第一学寮は、どちらかというと笑いが多いほうで、他の寮なら『にやけないでください』といわれるのではないでしょうか。ここでは新入時教育から出院準備期間の少年が一つの寮で暮らすことになっていて、新入時の生徒は先輩が一人ついていろいろ教えることになっている。現在、第一学寮は三十一名の少年がいて、六人の法務教官が担当していますが、私は集団指導を担当しています。私はどちらかというと体育指導や行事を指導するのが得意で、一対一で話したりするのは上手なほうではない。私が言葉でうまく言えない部分を主任が補ってくれたり、ベテランの副主任が少年と向き合う力があるので助けてもらったりしていますね。多摩は、寮でやっている集団作りは全国的にかなり高いレベルだと思います。見ていただくとわかるように、少年たちが前向きに、明るく学んでいる。やはり特別少年院等と比べると鑑別所から比較的問題性が根深くない少年が送られてくるのは確かです。それから、とにかく職員が一人ひとりの少年の指導に時間をかける。運動会や演劇祭などの行事があれば、遅くまで残って練習の面倒を見たり、休日に出てきて指導します。職員のモチベーションが高いので、お互いにプレッシャーになっているかもしれませんね（笑）。そういう意味では独特の場所かもしれません」

二年目に出合った裏切り

「ただ荒れると大変なので、荒れる前に力を尽くそうという意識も大きいと思います。やはり集団がそっぽ向いて、法務教官の指導が浸透しないということは起こります。少年たちが裏でこそこそ動いている。私たちにばれないように、他の少年の悪口を言ったり、出院したら遊ぼうねと話したり、いわゆるインフォーマルな社会を作ってしまう。そうなると少年たちの意識はそちらに行ってしまいます。暴走族のようなもので、インフォーマルな社会に住んで、少年院の世界は意識の外になってしまいます。すると少年が学ばなくなるんです。そうさせないように職員は努力します。職業訓練や資格取得に力を注いでいる職員がいないわけではありませんが、やはり集団生活が大切で、それに八割ぐらいの力を使っているのではないでしょうか。

実は法務教官になって二年目の時に、法務教官を辞めようかと思ったことがあるんです。個別担任で受け持っていた子どもたちが全員不正会話をしていたということがあって、しかも、会話のなかに私の悪口まで出ていたということがわかって、裏切られたと思いました。自分では信頼関係ができていて、うまくいってると思っていた。まだ独身で、職場に入《い》り浸《ひた》りのような状態だったのでショックも大きかった。こいつらに言っても仕方ないのかと、あきらめかけましたね。まぁ、一日くらいで立ち直りましたが（笑）」

法務教官のなかの少年の心

第一学寮のホールの壁には、法務教官六名の名前が黒々と記された大きな一枚板がかかっていた。そこに長田さんはこう書かれている。

「集団指導・男　長田亮」

同じ壁や梁《はり》には長田さんが考え、少年がワープロで打ったという標語が大きく張り出されていた。曰く「傲慢《ごうまん》、横柄《おうへい》、無礼な者は、壱学生に非《あら》ず」。実に男臭い。仲間の法務教官にとっても、少年たちにとっても、長田さんは一本気な男らしい人間というイメージが共有されているのだろう。たぶん、それが長田さんの表の顔だ。

ところが、その同じ部屋に、少年たちの心がなごむようにと、ナマズの水槽やカブトムシの幼虫が入ったビンを置いているのも長田さんなのである。

それは楽しかった子ども時代を少年院の片隅に再現し、生徒たちと一緒に味わおうとする少年の心から生まれた心遣いに見える。

案内を受けるうち、長田さんはこう言った。

「僕は絶対に泣かないんです。大人になってから泣いたことはありません」

戸惑いながら尋ねた。

「どうしてですか？」

「十八歳の時、涙が全部涸《か》れてしまったんです。だから涙が出ないんです」

その頃、親族が交通事故を起こして加害者になってしまった。命を奪った償いに、家族が苦しむのを見ながら、涸れるほど涙を流した。だから涙はもう出ないのだという。

そういえば長田さんは大学生の時に、私が原作を書いた『家栽の人』を読んだという。

「スノードロップ」という作品が好きだ、ときっぱりと言った。

この作品には試験観察中に交通事故を起こして友人を大けがさせてしまった暴走族の少年の話が出てくる。事故の結果を自覚させようと、医師は少年を被害者の手術に立ち会わせる。手術を見た少年は審判の席で更生して医師になりたいと希望するのだが、少年院に送られると厳しい生活にくじけて挫折《ざせつ》しそうになる。そこへ主人公の裁判官がやってきて、励ますのである。裁判官の意を酌《く》んだ法務教官が、特別に深夜まで勉強できるように取り計らったのがきっかけで、少年は再び意欲を取り戻し、とうとう医師になったというストーリーだ。

長田さんが十代の時に体験した逆境と作品の内容はつながっているのである。

多摩少年院の演劇祭に、長田さんは第一学寮の生徒のためにオリジナル脚本を書き上げて『償《つぐな》い』という芝居を演じさせている。

第一学寮の寮内。
少年たちのために飼っている
幼虫の飼育ビンと一緒に。

この作品は、さだまさしの「償い」という歌を翻案《ほんあん》したもので、やはり交通事故の加害者が必死で償いをする姿を描いたものだ。

私はビデオで観劇したのだが、少年たちの演技のレベルの高さに舌を巻きながら、長田さんのこだわり、心の傷の深さ、自分の背負ったものを少年たちに伝えようとする執念の深さにようやく気がついた。

長田さんが大学生の時に選ぼうとした警察官、消防官の道はいずれも、人の生命がかかわる究極の現場であり、そこで自分自身を投げ出して生きることが、少年期に発見した人間の運命の過酷さや重さから目を逸《そ》らさずに闘う道に見えたのだろう。

そういう心理の底には、自分の生命を蕩尽《とうじん》して苦しみから逃れたいという負の力と、より良く生きたいという正の力が入り混じった、言葉にならない本物の世界が横たわっている。

私はこう考えたのである。

長田亮という法務教官は、ぼんやりとその仕事を選んだのではなかったのだな。少年の時にまざまざと見た不可思議で残酷な人間の生に心をつかまれたまま、どうしようもなく法務教官という仕事を選んでしまった。

たぶん時間は止まったままだ。

しんどくても人は生きていかなければならない。その答えを求めている少年と出会った時、長田さんの法務教官としての新しい仕事が始まるのだ。

そう私は想像した。

6　伊藤雅子《いとうまさこ》さん

少年たちに足りないのは、やっぱり愛だと思います。

◆プロフィール
平成６年
　広島少年鑑別所拝命
平成12年～現在
　岡山少年鑑別所

子ども時代にみつめた父親の挫折

　岡山少年鑑別所を訪ねると、瞳の大きな女の人が待っていた。

　伊藤雅子さんは昭和四十四年生まれ、三十七歳の法務技官である。少年鑑別所に送られてきた少年を面接し、少年の心理的な側面を観察し、家庭裁判所の審判に必要な鑑別結果通知書を作成する考査担当を務めている。

「家庭裁判所はどういう処遇をすれば良いのかという決定をするための材料を求めていますから、それに向かって鑑別結果通知書を書いていきます。でも少年の人間性をとらえるのは難しいです。いつもイマイチと思いながら、書いています。性格の分析をしたりするのですが、少年たちに非行をさせる一番大きな要因は家庭だと感じますね。陳腐な言い方だけれど、やっぱり愛が足りないのかなぁ……」

すらりとした長身を私服で包み、ゆったりとした口調でしゃべる。仕事の性質は時として、その人の個性の一部をさらに強調するものだが、伊藤さんはクラゲみたいに軟らかくて、相手に重さや硬さを感じさせない。その浮遊感こそが、審判を前にした怯《おび》える少年たちの心を包み込む技なのだろうか。

伊藤さんは岡山市に生まれた。父親はネオン工場の経営者で、数人の工員を雇って店舗用ネオンの製作・販売を手がけていた。高度成長の勢いに乗って華やかな時代があったが、伊藤さんが小学校四年の頃に失速、倒産した。

「父の会社が倒産した時に借金取りさんがガァーッと来て、大騒ぎをしたり、夜逃げをしたりする経験をしました。その頃から人の心の動きに興味があったんですね。友達とも距離を置いて、喫茶店でだべる程度のつきあいしかしませんでした。中学の時から部活もしないで、周りから見ればシラケた子に見えたんじゃないでしょうか」

中学二年の時に父君は失意のうちに亡くなった。思春期の真っ只中で、人生の変転を身をもって体験したことが、伊藤さんのなかに強い批評精神を育てた。岡山市内の県立朝日高校から広島大学の教育学部心理学科に進み、発達心理学を学んだ。児童相談所に出入りしたり、元非行少年に話を聞いて非行の心理を研究した。

ところが、伊藤さんは大学を卒業すると服飾産業の販売という仕事に進む。いわゆるアパレル業界、ファッションの世界である。

「洋服には興味なかったんです。その頃は家庭も落ち着いていて、大学卒業後はまったく違う道に進んでみようかなと思った。でも、研修で挫折しました。どう売るかという研修で、二つの商品があったら高い方を売りましょうという程度のことだったんですが、向いてない、できないと思いました。お金には執着したくないと考えているので、全然、違う世界でした」

遠回りの末に、伊藤さんは平成六年に広島少年鑑別所に採用となり、考査担当として非行少年の心をみつめる生活を始めるのである。

少年鑑別所の仕事の流れ

「少年鑑別所では、まず少年が入所する時に鑑別部門の観護担当と庶務課の職員が対応します。観護担当が家庭状況や健康状態、過去の非行歴などをチェックし、庶務課が持ってきた荷物のチェックをします。それから入所時のオリエンテーションをするのですが、これも観護の仕事ですね。それから考査担当と医務課の職員が健康のチェックを終えます。そこで少年は部屋に入る。そこまでが第一日目です。

少年たちの一日は朝から掃除、図書交換、運動、その日の課題の作文を書いたり面接調査を受けたりします。また、映画や啓発ビデオを観たりする時もあります。夕飯が終わると、夜は反省時間があり、日誌を書いて、自主学習や読書をしたりテレビを観たりしながら就寝時間を待ちます。

収容期間は平均二十五日前後ですが、当所ではまず観護の職員が少年の生活歴を調べていきます。それと同時に私たち考査担当が入所時にインテイク面接というものを行います。

その後、考査担当が集団テストを行い、知能検査や性格検査をします。同じ頃、医師が心身のチェックをします。知能検査や性格検査を一通りやると、だいたいの知能レベルや単純な性格傾向はわかりますから、それから考査の面接が随時入って鑑別結果通知書の作成に入っていく。面接は一回一時間か一時間半で、回数はケースによります。

考査担当として私の最大の仕事は少年たちと面接して、裁判所に報告する鑑別結果通知書を書くことですね。裁判官が審判を下すのに参考となるよう少年の非行の背景にある心理面の特徴などを整理し、少年が立ち直るための処方や指針を書く。家裁調査官は少年の家庭環境や生活史についての社会調査を中心に据えて考えると思いますが、私たち鑑別技官は、面接した少年との対話と少年鑑別所での生活ぶりや行動傾向を中心に据えて考えるのが特徴でしょうか」

面接のスタイル

「岡山少年鑑別所には三人の考査担当がいますが、だれがどの少年を担当するかを決めるのは統括専門官です。

そして鑑別が始まるのですが、私は鑑別所に送られて来た少年がバスから降りて施設に入ってくる時の表情や歩いてくる姿の第一印象を大切にします。

『この子は影があるな』とか『ひねてるな』とか『素朴だな』と感じることから、少年を理解することが始まるんです。

非行の内容を聞くと、驚きを感じることもありますが、鑑別所で会う少年はそんなにかけ離れた人間ではないですね。私は二十五歳くらいからこの仕事を始めたのですが、若い頃は少年と対等な関係になりやすい。向こうも不満を言ってきますし、愚痴《ぐち》の聞き役になることは多いですね。もともと技官は上から指導することは少なくて、近所のおばちゃんとかお兄さんという関係になりやすいし、子どもたちもそう見るんですね。私たち鑑別技官は少年たちのありのままの姿を引き出すために、あまり積極的には指導しようとはしません。意識して私服姿で会っています。

私の面接はダラダラですね（笑）。ナァナァで『あぁ、そう』と言いながら、相手が本音を出してくるのを待つ。うろうろしながら、いろいろなところをチョコチョコつついていって、本当はここが言いたいんだと思うところを聞いていくので、体系的なものはありません。

鑑別が難しい子は内面を出さない子、出せない子です。そういう時は興味のあることに話題を振ってみたり、気づかないふりでいろいろな話を振ってみて、気になる話題がポロッと出た時に『それはなに？』と尋ねてみたり……。かけひきをすることもあるし、こちらが素直に『そういう態度が見えるけどどうして』と聞いてみることもあります。

逆に迎合したりウソを言ったりしている子もいますが、そういうのはわかりますね。ここに来る子たちは、隠し事をして、こっそり悪いことをしているので、基本的にウソをつくことから始まる。この業界の人間はそこの嗅覚《きゅうかく》は発達していると思います。少年が話しているうちに急に語気が強くなったり、あわてたり、妙に多弁になったり、鑑別技官はそういうものを面接の数をこなすうちに身体で覚えていくんです。

そうやって面接しているうちに、少年の生き方に自分が重なると思えた時はおもしろい。また、その少年が自分が考えもつかなかった考え方や解決方法で、その子独自の方法論というか、適応してきた姿が見えた時は『そんな生き方があったのか』と驚きます。結局、『人間って一緒なんだな』と思う時と『人間ってすごいな』と思う時がおもしろいんですね。

ただ面接をすることで、少年たちが自分で内面を深め、自分自身を変えていくということは期待していません。時間も短いし、ここに来る子たちはどちらかと言うと内面の問題を行動することで解消していくタイプが多い。話すうちに自分で気づいていくタイプは少ないと思います。私はこの仕事に就く前は、厳しい父性的な関わりは苦手だったのですが、そういう少年を見ているうちに彼らには少年院にある父性的な関わりも時に必要なのかなと感じるようになりました。女子には当てはまらないかもしれませんが、男子はオスの部分があるので、誰が強くて誰に従わなくてはならないかをはっきりさせることもある程度は必要なんだなと考えるようになっています」

判定会議と鑑別結果通知書

「審判の一週間前に判定会議が開かれます。出席するのは観護の担当職員、考査の担当職員、考査統括、首席、所長です。

　観護と考査の担当者が成育史、家庭状況、非行に関連する情報や心理検査の結果、行動観察で得られた情報などを報告して、処遇意見をみんなで考えていきます。お互い処遇意見を言い、納得がいくまで議論することはありますね。基本的に短期処遇と長期処遇、在宅保護と収容保護をめぐって意見が対立することがあるわけですが、少年はそれぞれ問題も違うし、少年鑑別所の職員もそれぞれの立場で関わり合いや思い入れの違いもある。

　私も若い頃は思い入れで突っ走ってしまって、とんでもないことをやった子に在宅という意見を出したり、揺れましたね。すごく厳しくなったり、見方がちょっとずれていたり……。そういう揺れがゼロになるということはないのですが、それをゼロに近くニュートラルにしようと持っていくのですが、やっぱり揺れるんです。だんだん年数を経ると、判定もまともになってもめることも少なくなるんですけれど（笑）。

　この判定会議が終わった後で鑑別結果通知書を書

きます。鑑別結果通知書は忙しい時は毎日のように書いている時もあれば、ごくまれには週に一通くらいの時もあります。少年の性格を分析し、性格と非行がどうつながったかということを考え、少年に必要な処遇や注意点などを書いていく。処遇意見は在宅保護、収容保護、保護不適といっていわゆる検送（検察官送致）の三つが大きな選択肢です。在宅は保護観察と「その他」といって児童相談所長への送致という意見を書くこともあります。収容保護は少年院送致と児童自立支援施設送致に分かれるんですが、少年院送致の場合は短期と長期のどちらが適当かという意見も書きます。

　私たちの仕事は非行の内容や結果を意識の片隅に置きながら、資質の鑑別をすることです。人間として基盤が育っていて、ちょっとしたエッセンスを加えたら変われると考えることのできる少年は短期にしますし、どっぷりと非行文化に染まっていたり家庭生活で養うべきところを養っていない少年で、基本ができてない子は長期という見方をすることが多いですね。

　非行の内容が悪くても、内省が深まって人間としての基盤も育っていると考えれば在宅保護の意見にすることもあります。挨拶《あいさつ》とか礼儀とかそういうレベルではなくて、情緒的に育まれてきたか、他人との信頼関係を持てるかということが基本ですね。話している時に、少年が人とすぅーっと打ち解ける気持ちがあるかどうかわかりますね。そういうところを観て考えるわけです」

話は優しく聞いても、問題点は厳しく見る

「少年たちはもともと甘えたいという気持ちが蓄積されてきているんです。誰に対しても甘えが出て

伊藤雅子さん

くる少年はいます。もちろん面接しながら、少年がカワイイとかカワイソウと思ったり、自分を映したりしますね。ただ鑑別し、処遇方針を書かなきゃいけない。話を聞く時は一生懸命聞くけれど、少年と一緒にぐちゃぐちゃにならないように他方では客観的でいようとしていると思います。判定の段階に来た時には、その子の問題を明らかにしないといけないので、同情だけでは、その子のために良くない。鑑別結果通知書を書く段階では、私は少年の問題点を冷静に見ようと思っているんです。安い同情をしても意味がない。ですから私の鑑別結果通知書はきついこともあると思います（笑）。短期か長期かという判定は標準レベルで行って、処遇方針を書く時にはその子の問題点をストレートに書きたいですね。

一度見た子が再非行して、また鑑別所で会うことがあります。初めに会う時は、こちらから昔のことは言いません。元気？　と声をかけるぐらいですね。恥ずかしそうにする子もいれば、どんな非行を犯してきたか自分から告白する子もいる。再非行した子には社会ずれしてる子も多い。目がきっとしてたり、かなり不良の文化に浸《つ》かってきたなとわかる。すごく悲しいですが、こちらからは言いません。向こうもわかっているでしょうから。

私は今、八歳の女の子と三歳の男の子の母親ですが、少年たちを見ながら子育てで反省することばかりです。決まりを守るとか、人に優しくと口で言うだけでなくて、親が態度で示して長い時間をかけて見せていくのが大切なのかなと思いますね。

ここに来る子だって親に叱られてはいるし、悪いことするなよと言われてきている。たぶん親が叱り方を間違っているんだと思います。そういう親の行動が、少年のなかに蓄積している。学校で教えても、それは限られているし、価値観とか行動規範に関する問題というものの基盤には家庭の問題があるんじゃないでしょうか。

子どもたちは家庭で反発しようにも反抗するだけの家庭の枠組みがない場合が多いんですね。それで学校などの外で反抗する。親に対する気持ちが、先生や社会に対する行動になって出てくるのかなと感じます。親に反発すれば見捨てられることもあるじゃないですか。だからよそでね、とりあえずイライラするから何かやってみるという少年もいますね。

今の少年たちは生きにくくなっていると感じます。私たちの子ども時代はヤンチャな子も学校に来ることができて、それなりに楽しんで、先生が可愛《かわい》がってくれるということがあったように思うんです。最近はちょっと目立つ子、逸脱する子は学校に入れてもらえなくなってます。学校は組織を守ることが大切になって、ちょっとはみ出したら戻れなくなる。

少年たちには十何年かけて育ってきた本人の歴史があるわけですから、少年院の半年や一年の教育で人生を変えるというのは本当に難しいことだと思います。自分も十分な仕事ができているとは思わない。ただ、私はものすごい環境のなかで育って、それでもたくましく生きていく人が好きなんです。ここに来る子たちも、そんな風に生きていって欲しい、そう願いながら少年たちとつきあっています」

7　濱野智浩《はまのともひろ》さん

初心に帰ろうと、少年調査記録を気をつけて読むようになりました。

◆プロフィール
昭和 58 年
　愛知少年院拝命
平成 14 年～現在
　愛知少年院

愛知少年院は愛知県豊田市の高台にある。もともとは海軍の飛行場跡地だった。昭和二十四年に愛知少年刑務所と特別少年院が建設されたが、昭和五十二年に新たに中等少年院が設けられたことで、中等少年院と特別少年院の複合施設として現在に至っている。

私が取材した平成十九年一月中旬の時点で、収容者は七十九名（定員百名）。うち特別少年院に送致された生徒が十七名である。

特別少年院には二回、三回目の少年院送致を受けた者が多いので、当然、年齢の高い収容者が多くなる。成人式を迎えた者が、平成十九年には十九名、平成十八年には三十二名いたという。

驚くものを見た。施設を見学するうち、中庭で新入時教育の挨拶訓練を見たのだが、指導する法務教官の気合がすごかった。坊主頭の教官は、一月にもかかわらず半袖半ズボン姿である。数人の生徒たちの前で、直立不動の姿勢から頭を下げてみせる。そして、喉《のど》もちぎれんばかりに「ハイ」「こんにちは」「ありがとうございました」を絶叫するのである。

日頃から、少年院の挨拶や行進の掛け声は聞いているから慣れているつもりだったが、愛知少年院の挨拶訓練は格別だった。音量と教官のひたむきさがケタ違いなのである。

「この少年院は（法務教官に）精神的にタフであることを求めるところがありますね。ここの少年は職員同士の指導の不一致を突いてくる世慣れた子もいますから、立ち往生しては困るんです」（ある職員の言葉）

新入時の挨拶訓練にこめられた気合が、特別少年院の処遇と法務教官の仕事の厳しさを暗示しているように思えた。

刺青《いれずみ》姿の少年に睨《にら》まれる

濱野智浩さんは昭和三十五年生まれの四十六歳。愛知少年院に拝命した昭和五十八年四月には二十二歳であった。

「拝命してすぐに特別の第一学寮に入りました。第一学寮は二級上から一級上までの生徒がいました。私は私立高校にいたので、そこで不良と呼ばれる生徒たちは見ていました。しかし高校時代に見た不良とはまた違う印象で、目つきが違うんです。不良というのは格好つけながらその時代を生きているものでしょうが、そういうものを超えているというか、圧迫感があった。私は二十二歳で、なかには二十一歳で収容されている生徒もいましたから、一年か二年しか違わない。たまたま体育の後に寮舎に入ったことがあって、服を脱いでいる生徒の裸を見たら背中に刺青のある人がごろごろいるんです。当時はヤクザ文化も濃厚だったし、『お前は何様か』という目で睨《にら》む生徒もいました。若い法務教官を受けつけない雰囲気があって、なにか場違いなところに来てしまったな、と。最初の一週間くらいはキッかったですね」

濱野さんは愛知県豊橋市に育っている。父親は繊維会社の事務職を務めており、二つ年上の姉とともに社宅で大きくなった。いわゆるサラリーマン家庭だ。濱野さんが法務教官の道へ入るきっかけは剣道だった。中学時代に剣道と出会い、桜丘高校、中京大学体育学部武道学科と剣道部に所属した。

「高校受験に失敗して、父親に剣道を止められたりした時期もあったのですが、なにか打ち込むものが欲しくて剣道を続けました。中京大学を卒業する時、剣道部の監督の薦《すす》めで愛知少年院の採用試験を受けた。大学四年生だった昭和五十七年秋の公募に応募して、十二、三人のなかから、剣道の指導を充実したいということで、私が採用されることになったんです」

そして、先に紹介したような特別少年院の洗礼を受けることになったのである。

「最初は剣道だけやってればいいという気持ちで来たものですから、とにかく自分のスタイルというのがない。少年たちに何を教えればいいのか、という自覚を持つまでに半年ぐらいはかかりました。周りの職員のことを見ながら、見よう見まねで、自分のスタイルをつくるのに必死だったですね。半年ほどたって、一人でも多くの生徒を真面目にさせてやるという使命感を持つようになりました。ただ一年目、二年目あたりは、少年が四十歳前後の寮主任にはなびくのに、どうして俺にはなびかないんだという思いがありましたね。今思えば、自分の意欲ばっかり押しつけていたんでしょう」

ベテラン法務教官の感じた危機感

濱野さんは、途中、少年鑑別所で四年間勤務した時期があるものの、愛知少年院で約二十年を過ごした。そのうち半分が寮勤務、半分が保安や企画などのデスクワークだった。その間、剣道の大会に積極的に出場した時代があったが、平成三年に試合中にアキレス腱を切断する故障があって、その後、少年鑑別所に転勤したこともあり四年間剣道から遠ざかった。愛知少年院に戻ってからは、再び剣道と取り組むようになり、現在は第五学寮の寮主任を務めている。

「今は新入時生が九名、他に第六学寮の出院準備生六名の生活を見ています。訓練は私を含め三人の法務教官で担当し、他に医務課兼任と分類兼務の先生が当直を分担してくれます。仕事は生活管理が中心ですね。去年までは第一学寮（特別少年院の中間期）で寮主任をしていたのですが、これまでの法務教官人生にないくらいの危機感を感じました。寮が十年、企画などの事務方が十年。ひさびさの現場で一年半過ごして、なにやってもうまくいかない感じだった。二年目から歯車が狂ったというか、少年たちに自分の言いたいことが通じているのかな、という疑いがありました。なにをしても空振りしているような、面を打っても当たらないという感じでした。少年が妙によそよそしい。雰囲気が違う。その後、禁止されている不適正な会話でかなりの少年が処分を受けましたから、インフォーマルなグループができつつあったんでしょう」

どうやら濱野さんは法務教官として大変な試練を越えたのだ。話を聞きながら、私は「これは濱野さん個人の物語だけではなくて、多くの法務教官が直面する中年危機（中年クライシス）の一つではないか」と考えた。筆者は濱野さんより二つ年上だが、

濱野智浩さん

四十歳前後に仕事の転換期があって、激しく揺れ動いた時期があった。

中年危機には大きく二つの要素があるのではないかと、筆者は考えている。一つは仕事に関するもので、同じ業界に長く身を沈めているうちに自分の仕事の出来高や将来的な地位などが冷静に見渡せるようになってくる、良きにつけ悪しきにつけ自分のやってきた仕事がどの高さに届くのかが予感できるようになり、失望または寂寥《せきりょう》感にとらわれる。一見、肩書きや形に依存して空威張りしているような人も実は同じ心理状態を持っているのではあるまいか。

いま一つは健康の問題で、三十代までと比べて、はっきりと自分の身体に老いが迫っているのを感じるようになる。たとえ観念的に老いや死に向き合っていたとしても、二十代三十代の身体は湧き上がる生命力に支配されているから、老いはどこかよそ事である。しかし四十代に差しかかる頃の身体の変化は、それまでの体調の良し悪しとは違う、はっきりした衰えの兆しが混じっている。もちろん五十代、六十代に比べれば十分に元気なのだが、それは未経験でもあるし、これまで若さを当たり前のものとして享受《きょうじゅ》してきた精神のあり方が初めて経験する老いの実感に試され、ゆすぶられるのである。

法務教官の仕事の性質から考えると、少年たちの兄貴役から親父役へと演じ方を大転換する時期に当たるのかもしれない。それは通常の仕事のようにマニュアル化できるものではないから、おそらく個々の法務教官が周囲のモデルを見習いながら、手探りで作っていくしかないものである。

濱野さんの体験を聞いてみよう。

「本来やらなきゃいけない少年を知るということをやらなければならなかったんでしょうが、一人、気の合わない少年がいて、押さえつけるにしても甘やかすにしても自分が不適正処遇をやってしまうん

パートナー・ドッグのコウ。
犬とのかかわりが少年たちに
安らぎを与える。

じゃないかという不安感でいっぱいでした。二カ月近く悶々《もんもん》としていましたね。自分のなかで少年と自分に線引きをしていたのかも知れないですね。表面的にはうまく接することはできても、少年指導から気持ちが離れてしまった。二十七歳頃に、寮主任を一度やっていたんですが、その時は夢中だった。少年と膝《ひざ》つき合わせてやってましたからね。そういうことはできなくなっていました」

「それはいい経験をしましたね」と筆者は言った。

「法務教官の本当の仕事とは何かをみつけるために、そうなったのかも知れませんよ」

部外者として少年院に出入りするようになってからわずか三年に過ぎないが、筆者は少年院が激しい変化にさらされているのを感じているからだ。

法務教官の世代の違い

　ある人によれば、法務教官には四つの世代があるという。平成元年の法務教官採用試験以前に入った世代と、その後、採用試験を受けながらも世相の変化によって微妙に意識の違いがある三つの世代があるという。

　濱野さんはもっとも古い世代の後ろに位置している。

　少年院に求められる機能は、昔ほど牧歌的ではなくなった。ごくごく単純に言えば、少年院は「愛と拳《こぶし》」を持った法務教官とくっきりした不良文化を持った少年の、肉体をぶつけあう戦場だった時期があったのだと思う。全体の少年たちをコントロールできるかどうか、という大枠がもっとも大切で、個々の少年と法務教官の関係はあまり管理されていなかった。法務教官それぞれが、その気質にしたがいながら職人芸として少年と向き合い、仕事の出来高を自分の身体で感じる燃焼度で測りつつ成長していた。つまり少年と一緒に、怒ったり同情したり感激したりして暮らしていた。感情の振幅《ふれはば》が大きければ大きいほど法務教官は仕事の手応えを感じていたのではなかったか。その名残りは今もそこここにある。

　しかし、少年事件に対する社会の関心が高まり、少年院の教育効果に期待が高まるなかで、法務教官は仕事の成果を外に向けて示さなければならなくなった。少年が立ち直る指導をするのと平行して被害者感情に思いを致すという大変難しい指導も行わなければならない。これまでのように、少年との絆《きずな》を体感で測るという生き方にすがるだけでは、法務教官という仕事は評価されなくなってしまった。さらに、感情をぶつけあっても、それを感得する受信機能が発達している少年は少ないだろう。今は難しい時代なのである。

「特別少年院の少年と中等少年院の少年の違いがあるかといわれると、違いはないですね。ただ、指導に骨は折れます。まずは作文などで自分をみつめさせるわけですが、それをもとに私なりに指導のポイントを絞っていきます。私がよくやるのは、少年に他の人の考えを提供するという意味で、課題にからんだ本を紹介したり新聞記事を切り抜いて読ませたりします。私のポリシーに、少年に判断力、自覚、行動力を身につけさせるというのがあります。社会に出た時、悪いことを誘ってくる友達がいたとすると、まずいという判断はできる。しかし、その後、自分の力や能力はどういうところにあるのかという自覚を持って、誘いを断わることを実行をするのは難しい。そういうものを育てたい。少年を管理しすぎると、そういう気持ちは隠れてしまいますから、やはり個別面接で自由にしゃべらせながら、やりとりするしかない。ただ本音はなかなか出ません。自信を持って出した少年でも、仮退院して三日で失敗する子もいますね。そういう子は少年院を出ないとわからない。ですから集団のなかで適応しながら、担任の前では本音を言う少年のほうが、外でうまくいくような気がします。

少年と出会う時に家庭裁判所から送られてきた少年調査記録があるわけですが、前はパラパラと読んでいたのですが、最近は気をつけて読むようになりました。生育歴や家庭環境に注意して、家庭環境が悪い子には反応をみながら割とストレートに話題に出してみたりしますね。初心に帰りながら、面接をしようと思っているんです」

8　谷《たに》越《ごし》鈴《すず》子《こ》さん

こつこつ働き、家族と仲良く。それが乙女の生きる道。

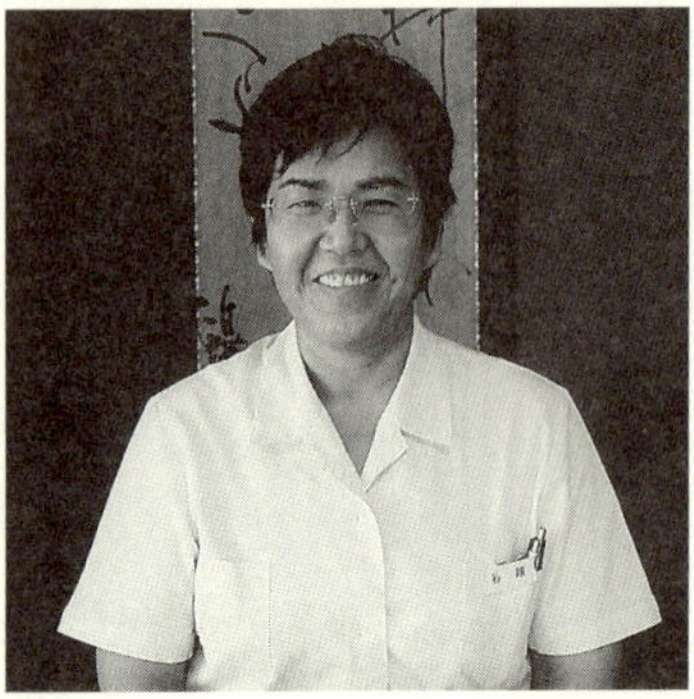

◆プロフィール
昭和50年
　高松少年鑑別所拝命
昭和58年～現在
　丸亀少女の家

谷越鈴子さんは昭和二十五年、香川県の琴平町に生まれた。生家は「谷越自転車商会」、大正生まれで職人気質の父君が営む自転車とバイクの販売店であった。

谷越さんは、父君が三十を越えて生まれた、待ちに待った子だった。一人っ子だったこともあって、父母の愛をたっぷりと浴びて育つ。

「ものごころついた時には自転車にまたがっていました。父がいろんな部品を取り寄せて作ってくれた、他の誰も持っていない特製自転車を乗り回して得意になっていた記憶があります。父は職人気質で厳しい人だったけれど、自分を可愛がってくれているのがはっきりわかりました。母親は友達みたいで、学校から帰ると、その日一日にあったことを全部話すまで眠れない、そんな関係でしたね。それでも小学生の頃は、一人っ子だったのが寂しくて、近くの兄弟がたくさんいる家に上がりこんで、家になかなか帰らない。兄弟がとてもうらやましかった。親子とは違う、もっと気楽に甘えたり叱られたりする関係が欲しかったんでしょうね」

谷越さんが法務教官になったきっかけは、少し変わっている。

昭和四十七年、谷越さんは香川大学商業短期大学部を卒業して、兵庫県西宮市の郵便局に勤務するようになった。公務員になって欲しいという両親の願いに沿った就職だった。故郷に残りたい気持ちは強かったが、募集枠の多い関西に勤めることになったのである。

ところが、西宮で働く生活が三年目に入った昭和四十九年の冬、琴平町の実家に法務省からの照会が届く。照会は、高松少年鑑別所で女性職員を募集しているので勤めないかという内容だった。

「もう郵便局に勤めていたのに、なぜか人事院の名簿に私の名前が残っていたそうです。鑑別所と聞いた両親は、怖い勤め先だと思ったのか、乗り気ではなかった。でも、私は帰ってもいいなと思った。昭和五十年の正月休みに帰省して高松少年鑑別所の面接を受けました」

面接で会った庶務課長は谷越さんに「料理はできますか？」としきりに聞いた。あとでわかったことだが、炊事係の職員が土日は休みになるため、その間に収容された少年の食事を作る職員が求められていたのである。

昭和五十年二月一日、谷越さんは法務省の法務事務官として採用され、高松少年鑑別所に勤め始めた。一年後の夏には法務教官となった。

「高松少年鑑別所に私が入った当時は、男ばかりに女ひとりの職場だったのですが、とても楽しかったですね。人間関係がとても家族的で素晴らしかったんです。和気あいあいで助け合いながら、なんでもみんなでやっていました。高松少年鑑別所が大好きで、いつまでもここで働けると思っていましたから、昭和五十八年に丸亀少女の家に転任になった時はつらかったですね。鑑別所でも、女子の面接や入浴立会はやっていましたが、私が丸亀少女の家に行って、いったい何ができるのだろう。何を教えたらいいのだろう。ぜんぜん勤まらないいんじゃないか。そういう思いがあって、なんで私が少年院に行かなきゃいけないの？　と抵抗しましたね。周りの人たちから、行ったら絶対いきいきと働けると励まされて、仕方なしに丸亀にやって来たんです」

「丸亀少女の家」と創設者・三原スエの情熱

筆者が「丸亀少女の家」を初めて訪ねたのは平成十九年一月のことだ。四国少年院を訪ねた際に見学をさせていただいたが、その際、院長室の棚に飾ってある額にふと目が留まった。それは少女の家の創設者である三原スエが残した短歌であった。

今日もまた裸体《はだか》に素足の子等をみぬ
世のあなどりに追われてありき

食もなく家なく母のいまさぬを
侮りはらう現世《うつしよ》となりぬ

戦はいとしき子等の父をとり
家を焼き捨て母も奪《うば》いぬ

時は昭和二十二年、太平洋戦争に敗れた日本はＧＨＱの占領下にある。三原スエは高松駅の前に群れる戦災孤児の姿を眺めている。明治三十六年生まれというから、この時、スエは四十代半ばである。戦争中は国防婦人会の香川県支部長、四国四県、五十万人をまとめる連合婦人会長をつとめ、出征兵士に宿を提供するなど、国の戦争遂行に自分の持てる力を捧げた人であった。そうした戦争の結果が、家もなくベンチにたたずむ子どもたちの姿を作り出したのである。スエの心中は、嵐のような後悔と反省に揺れ動いていたのだ。

もの総《な》べて奪わる中になお生きん
いとし子なれば許しませ罪

決然と願いをたてし吾れなりき
母なき子等《こら》の母とならんと

吾が願い世をも人をも焼きつくし
清く建てなん少女の家を

最後の一首は、火が吹き出るような国親思想と言えよう。

　同じ頃、三原スエは当時の高松少年審判所所長を伴った作家・竹田敏彦氏の来訪を受け、少年審判所で扱った少女の引き受け先として活動するように要請を受けたという。まずはスエの嫁ぎ先である善照寺に少女を引き取るという活動から始まり、昭和二十三年には丸亀城の陸軍施設跡に私立「少女の家」が設立された（設立時の少女十一名）、翌二十四年には新少年法の施行に伴い「四国少年院分院丸亀少女の家」として国立の施設となった。独立した少年院となった後、現在の中津町に移転したのが昭和二十七年五月のことである。

　中津町の土地を購入する際、三原スエは「花嫁学校を建設するのだ」という「首を吊る覚悟の嘘」を吐いて交渉に当たったと記録されている。

不正連絡の苦い末路

「昭和五十八年当時の丸亀少女の家は、木造二階建ての古い寮があって、寮の窓から海が見えました。冬は寒かったけど、素晴らしい環境でした。私はベテランの職員とセットのような形で長期の少年四人を担任することになりました。来てしばらくは高松少年鑑別所に帰りたいと思っていましたが、いつのまにか慣れてしまいました（笑）。私は非行の体験があるわけでもないし、目指して鑑別所に入ったわけでもない。だけど、法務教官になったことも、生徒たちと私が出会うことも縁だったのかな、と思いますね。

　私が来た頃、三原スエさんはすでに院長ではなかったのですが、時々、来られたのでお会いしました。凛々《りり》しいピシっとした人で、間違いは許せんという気概があるのだけれど、おおらかで暖かい、頼れる人という感じでした。風貌《ふうぼう》はキャリアウーマンという感じで、頭の回転が速い人でした。三原先生と直接触れあった職員が今も少女の家には何人かおりますから、創設当時の雰囲気というのがまだ残っているのかも知れません。

　現在、丸亀少女の家は少年が三十八人、職員が三十人です。長期処遇の西寮に十七人、東寮に十五人、短期寮に一人の少年がいます。

　私は東寮十五人の寮主任ですが、私を含めて五人の職員が働いています。東寮の子は十六歳から二十歳までいますが、年がいってるのに、甘えん坊が多いんです。年がいってる分、変わりにくい。意地っ張りだったり、強がったり、自分の気持ちと裏腹な行動をとる。そのくせ、私のことを受け入れて、という甘えが強いんです。自分の意見ははっきりとあるので、指導を受けても『わかってるんですけど……』と言いながら自分の意志を通そうとします。

収容されている子どもたちは覚せい剤や傷害で送られてきた子が多いですね。そして遊び型の非行が多い。指導していると、親の愛情を受けてない、しつけられていない。

母親がしっかり関わってないなと感じます。母親は母親で、自分のことで精一杯という人が多い。子どもは、お母さんが勝手なことをやってるから、私だって……、と自分を正当化しているんです。

長期処遇の標準教育期間は十・五カ月ですが、予定通りの子は少ないですね。

いろいろなことがありますが、規律違反行為のなかでやはり多いのは不正連絡ではないでしょうか。ちり紙にボールペンで住所や携帯電話の番号を書いたメモを渡すというパターンです。少年たちが、なぜそんなに外で会いたがるのか深い理由はわかりませんが、たぶんこうじゃないかと思うことはあります。少年院では生徒たちはお互いに三つ編みに制服の姿しか見せてませんね。出院した後に、化粧した本当の自分の姿を見せたいんじゃないでしょうか。本当は私はこんなに素敵なのよ、という思いがあるのでしょう。

不正連絡が何人も出た時には、寮の生徒を並べて、法務教官が入れ代わり立ち代わり怒ります。もちろん怒鳴ることもありますね。

不正連絡では、私には苦い思い出があるんです。ある時、出院した子から私に手紙が届いたんです。はじめは拘置所からでした。少女の家を出た後に、不正連絡をして何人かが集まったというんです。そして恐喝をやったんですが、その時に被害者に怪我をさせてしまった、というんです。同じ子から二通目の手紙が来た時は刑務所からでした。内容は、悪いことをしたのが本当に身に染みた。家族みんなを不幸にしてしまった。後悔しかない、という暗い内容でした。

一度だけ、院長の許可を得て励ましの手紙を書きましたが、自分も反省しましたね。寮の生活のなかで、あの子とあの子が仲がいいということは法務教官には見えているんですが、そういう仲が生活の張りにもなっているんじゃないかと大目に見たのが、こういう結果になったのかなぁと。生徒と職員とのつながりを、もっと持てたら、そういうことはなかったかもしれない。この子は仮退院の日に、車がエンジントラブルになって、出院が何時間も遅れた経緯があって、今思うと、あれも予兆だったのかと考えたりもしました。

ですから、不正連絡をしてこんなふうに苦しんだ子がいたよ、と生徒たちに伝えるのも私の大切な役目なのだと思います」

少女の心を受け入れる

「自分が生徒たちとどう関わっているのか、そう尋ねられると答えるのが難しいですね。どうしとるんやろ（笑）。

私は少女とつきあう時、一つの手立てがダメなら、いろんな角度からかかわっていこうとします。法務教官の働きかけが、どんな風に心に残っていくかといえば、やはり一人ひとり違うというほかありませんが、揉《も》めて、叱って、ぶつかり合った子のほうが心に残るし、後がうまくいくことが多いと思います。

こんな子がいました。

手に障害を持っていたんです。気をつけをする時も、人に見られるのがイヤで手をピシっと伸ばせないんです。『人に言われへんかな』と手をいつも隠してる。その手が彼女の弱いところなんですね。ある時、その子に『ちょっと手を出してみて』と、私

少女たちのアイドルとして飼われている老猫と。

の手の上に載せてもらって、触りながら、『こんなの恥ずかしくないよ』と言ったことがあります。そんな些細《ささい》なところからでも、少年の頑固さを解きほぐすきっかけになって変わっていくんですね。

また、こんな子もいました。

十九歳になった女の子でしたが、お母さんに「いらん子」として育てられて寂しい思いをした子だったのですが、昼食面会の場で母親と面会した時に、私から母親に『膝に抱いてあげてください』とお願いしたことがあります。母親もわかって抱いてくれたんですね。その一瞬で、その子はころりと変わることができた。こんなことがあると、法務教官っていったい何なの？　と馬鹿馬鹿しくなるような気持ちも起きますけど、やっぱり親の力は大きいですね。

少年院では生徒も悩むし、職員も悩む。生徒にはパワーありますから、エネルギーを吸い取られます。法務教官も、いつも元気ではおれませんし、生徒はぶつかってくる時は、どんどんぶつかってきます。

そういう時は、周りの法務教官に愚痴を聞いてもらって、アドバイスをもらいながら手探りでやっていくことが多い。

自分と生徒の一対一の関係では、叱るばかりになることもあります。そういう時には、他の職員に働きかけてもらって、叱っている理由を生徒に理解させるように補助線を引いてもらったり。

とにかく職員同士が話し合う機会が多ければ多いほどいいと思います。食事をしたり、残業しながら、『あの生徒はこうなってる』といつも話し合っています」

真面目に働く心を植えつける

「私が少年院の生徒に何を伝えたいかと言えば、信じているのは一つです。その子を真面目に生活させるようにしたいんです。ここに来る生徒は根気のない子が多い。楽なことしたい、おもしろいことはないか、という気持ちが強いんです。こつこつ働く作業は叱ってでもさせたほうがいいと思います。

社会では対人関係も大切ですが、こつこつ体をつかって働くことができれば生活をやっていける。食事のマナーや箸《はし》の使い方などの基本的なしつけができて、一生懸命働けて、挨拶ができる。そして言うべきことをきちんと言える。自分のことを自分でやっていける生活力があれば、自然といい男性とめぐり合えるのではないでしょうか。

それから家族の関係ですね。家族と仲良くなるのはいいもんだよ、と教えたい。家族とともに問題を話し合って解決したり、家族とともに楽しむことを発見してもらいたいんです。そうすれば、家のなかが居心地が良くなるし、外に出ていく必要もなくなる。自分の稼いだお金でショートケーキ一つでも買って、家族の誕生日を祝ったり、歌を歌ったりすることができればいい。今は、母親の誕生日さえ知らない子が多いんです。

そういうことを受け入れるのは、その子その子なんでしょうが、結婚しました、ということで、家族の写真の入った年賀状を毎年送ってくれる子がいます。結婚して家庭を持って、子どもが何歳で、と書いてあるのですが、そのなかに、少女の家でいろいろしつけてもらって良かった、いる時はわからなかったけれど、姑さんが驚いていた、と書いてあったりします。あの子も頑張ってるんだなぁ、と、そういう時はうれしいですね。出てすぐに効果があるわけではないでしょうが、少女の家で教わったことが、生きる場面があるのだと思います。

そうですね。父や母からたっぷりもらった愛を、私は生徒たちに分けているんでしょうね」

9 藤《ふじ》 淳隆《きよたか》さん

まずは自分がやってみせる。運動をすればカチカチの心がほぐれていきます。

◆プロフィール
昭和62年
関東医療少年院拝命
平成4年～現在
関東医療少年院

関東医療少年院は東京都府中市にある。

幹線道路の道沿いに小さな喫茶店や食堂が並ぶ住宅街に、構えの低い庁舎があった。その入り口には樹齢五十年ほどの落葉樹の木立ちと落ち葉の積もった前庭があって、武蔵野の農家の庭先を思わせた。玄関先には少年たちが作った大きな埴輪《はにわ》が立っていて、来客を迎えてくれる。

想像したよりもはるかに落ち着いた、静かな少年院だ。

収容施設のなかに入ると、女子寮と男子寮にはさまれた中庭があり、朝礼が行われているところだった。

この施設の定員は男子九十六名、女子二十八名。テニスコート三面ほどの広さがある芝生の庭に、少年たちは数名から十数名のグループに分かれて並んでいる。少年たちの動きは総じてゆったりとしている。

多摩少年院や東北少年院にみられるピリピリとしたムードはここにはない。

関東医療少年院は平成九年の神戸児童連続殺傷事件以来、その名前だけが突出して有名になった施設といえるが、その始まりは昭和二十四年のことであった。ＧＨＱの渉外局で非行少年対策にたずさわっていた早尾虎雄《はやおとらお》を初代院長として創設されたこの施設は、ＧＨＱの医師であったルイス氏の「より高度な専門的医療を施す少年院」という構想を実現しようとしたものであったという。いわば戦後に生まれた少年法や家庭裁判所と同じ精神と時空のなかで成立した少年院といえる。

藤淳隆さんは四十三歳。いわば関東医療少年院生え抜きの法務教官である。現在は指導領域別主任を務め、職業補導、教科教育、体育レクリエーション、講話などの特別活動を担当している。

「当院にやってくる少年たちは七割程度が少年鑑別所の医療判定にしたがってくる少年、残りの三割が他の少年院で医療的な症状を発症してやってくる少年という感じです。ここには一般施設で集団処遇に乗れなくて、反応を起こして移ってきた少年、戻ってきた少年がけっこう多いんです。一般施設でうまくいかなくて精神的にガクッと来て無為状態になる少年もいれば、反発して暴れてしょうがないという少年もいます。最後の砦といわれる特別少年院の久里浜少年院、八街少年院のＧ１（注　処遇課程の一区分。著しい性格の偏りがあり、反社会的な行動傾向が顕著であるため、治療的な指導や心身の訓練を特に必要とする者を指す）の少年、赤城少年院、神奈川医療少年院、多摩少年院、喜連川少年院とさまざまな施設からいろんな性格の少年たちがやってきます。年齢幅も現在は十四歳から二十一歳までいます。ですから、私たちは少年を集団指導に乗せるというよりは、それぞれの少年の特性や病状に合わせて、精神的に安定させること、萎《な》えてしまった意欲を呼び覚ます、という個別指導に力を使います。

藤　淳隆さん

なかには当院で元気になって、一般施設に戻したところ、施設に着いたとたん『ここはどこ？』『私は誰かわかりません』という少年もいます。連れて行った職員が『今、頑張れよと握手したばかりなのに……』と驚くこともあるんです。そうやってここに戻って、一カ月間、言葉もしゃべらないし、オシメをつけていたような少年が、やがて普通に寮の外に出るようになるんですね。もちろん、関東医療少年院のほうが好きだから戻りたくないという少年もいます。ただ一般施設に戻ると食事を全然とらない、泡を吹いて倒れてしまうということが実際に起きます。ずるさや詐病《さびょう》というものがあった時に、我々はそれをどう受け止めるか。少年を責めるのは簡単ですが、主治医と相談しながら、当院で『できることをやっていこうか』と励ましていくことになるんです」

父親が偶然見た少年鑑別所の風景

藤淳隆さんは昭和四十年に東京北区の赤羽に生まれている。生家は赤羽の商店街にあり、家業はクリーニング店であった。帝京高校に進学し、名門の野球部で汗を流すが甲子園の土は踏めなかった。夢は体育教師になることだった。先輩の勧めもあって国士舘大学体育学部に進学、国士舘大学では教職課程に進むと野球部に入れない制度になっているためソフトボール部で活躍した。子どもと接する林間学校などにも積極的に参加して、教員になる準備を進めていた。ところが東京都の教員採用試験は大難関である。大学四年の夏、受験に失敗した。

「その頃、たまたま父親が少年鑑別所のカーテンのクリーニングを依頼されたんです。洗濯物を納入に行った父親は少年鑑別所の運動場で少年たちが体育をしているところを見たんです。そして、私に『体育を教えたいなら、ああいうところもあるんじゃないか』と言ってくれたんですね」

それまで法務教官という仕事があることは知らなかった。東京矯正管区に電話をしてみると履歴書を出すことを勧められた。しばらくすると関東医療少年院から見学してみないかという誘いの電話がかかってきた。

「当時の医療少年院は、まだ問題がある少年を部屋に入れっぱなしにしておくような傾向がありました。それを変えようという動きがあって、『運動をさせるために来てくれると助かります』と言われました」

昭和六十二年のことで、まだ法務教官採用試験はなかった。勧められるままに関東医療少年院の採用試験を受け、合格した。教員の夢はあきらめておらず、法務教官をやりながら教員試験を受けなおすつもりだった。

「ところがやればやるほど法務教官の仕事がおもしろくなったんですね。二十二歳で法務教官を拝命したわけですが、少年のなかには一つ年下の少年がいました。一つ二つ下の少年に先生と呼ばれながら、一緒に運動して、問題を一緒に考える。学校の先生のように知識を与えるのではなくて、話を聞いているうちに『へぇ、やくざってそんな世界なんだ』と、こちらの価値観がゆさぶられるような体験をするわけです。今思えば、一、二年目は体育会のノリだったのかも知れませんが、少年たちとのやりとりがおもしろくて、学校よりも法務教官のほうがおもしろいと考えるようになったんです」

汗をかいてサッパリして、心を開く

「関東医療少年院にはいろんな少年がいますから、初めての少年と会った時、私はこんな風にアプローチします。『こんにちは。藤と申します。よろしくおねがいします。藤先生はいつもは一階寮にいてね……』。まず、そういうふうに自己紹介をします。一回目は相手の話を聞かないことも多いですね。こういう私のやり方は他の施設から来た若い法務教官には歯がゆく感じられることもあるようです。若い先生は「名前は?」「年齢は?」と入ってしまう。初めての少年と運動を始める時には無理強いはしません。『君たちにできないことはやらせないし、先生もやるから』と言います。少年に足を押さえてもらって、私だけが腹筋運動をするということもあります。そして、少年ができたら『ナイスファイト!』と声をかけるんです。

　運動をすれば汗をかいてサッパリするし、運動を通じてカチカチになっていた心がほぐれていく。終わった後に話をしながら関係をつくっていくんです。少年が慣れてくれれば、運動場などでコーディネーション運動という調整力をつける運動をやります。ボールを投げ合ったり、投げたボールを手を叩いて取ったり、バランスを良くする運動です。その後、ウエイト・トレーニングをやります。なにもやってない少年は変化が出やすいんです。腹筋やベンチプレスをちょっとやらせると、筋肉ができるんですね。すると、少年たちはもっとやりたくなる。筋肉痛になったことがなくて、びっくりする少年もいます。運動会に出たことがなかったり、野球などやったこともない。十キロを持ち上げるのにひぃひぃ言う少年もいます。だけど運動した後『痛いですよ、先生。いいですね』などと喜ぶんです。自分の体の変化や今まで持ち上がらなかったバーベルが持ち上がるようになると、心にも良い変化が起きるようです。汗をかいて、笑って、表情も出てくるし、体も変わってくる」

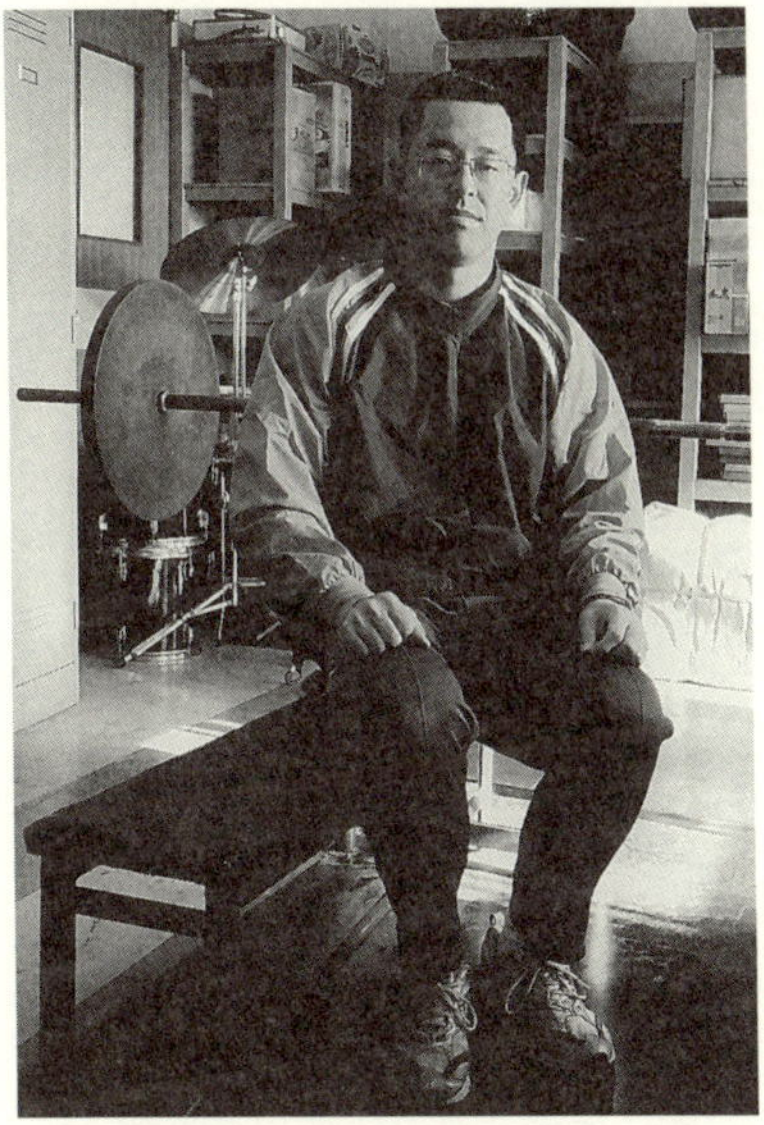

寮舎五階のトレーニングルームで、少年と濃密な時間を過ごす。

言葉通りに藤さんは若々しい。アイビー風の短髪に、背筋の伸びたきびきびとした動作はスポーツマン特有のものだ。関東医療少年院の男子寮は五階建てのビルで、一階寮（単独処遇室と出院準備室）、二階寮、三階寮、四階寮と分かれている。建物の五階は倉庫になっているが、その一室の鍋釜が置かれた棚の前にウエイト・トレーニングができる一角が設けられている。藤さんはそこで、いつも少年たちと一緒にバーベルを持ち上げているのだ。

「鳶《とび》などをやってる鼻柱《はなっぱしら》が強い少年とやりとりする時にウエイト・トレーニングが役立つこともあります。『俺は八十キロを上げられる』といきがるのですが、そんなに簡単ではありません。私はベンチプレスで百キロぐらいは上げられますので、自分がかなわないとわかると鼻柱が折られるんです。『上がらないだろ。力がないから上がらないんだ。見栄やハッタリでは上がらないんだよ』そう言うと、少年たちは素直になります。院長は医師ですが、昔、ウエイト・トレーニングをやっていたそうで、今でも八十キロぐらいを上げることができるんです。私と少年がやっているところにやってきて、バーベルを持ち上げるのを見て、少年がびっくりするんです。『おじいちゃんなのに、なんであんな重いのが上がるんですか?』『力があるからだよ』と説明すると納得します。目に見える原始的で動物的なものが、少年の心に響くのかもしれません」

看護師の資格を取ってから少年を見る目が変わった

このように少年たちの目の前で百キロのバーベルを持ち上げるという藤さんだが、話していると驚くほど冷静で柔らかい人柄である。いわゆる体育会系のマッチョとはほど遠い語り口なのだ。その秘密は法務教官になってから取得した准看護師の資格にあるという。きっかけはある医師から「医学の知識があったら、仕事がもっとおもしろくなるよ」と言われたことであった。平成二年、それまで刑事施設の職員向けだった看護師の研修制度が法務教官にも開かれたため、藤さんは八王子医療刑務所の看守部長を務めながら准看護師の資格を取った。藤さんは法務教官として、体育の知識と医学の知識という二つの武器を持つサイボーグになった。二つの分野から、少年を被写界深度の深い複眼でみつめることができるようになったのである。被写界深度は写真用語で、フイルムに写るピントの深さを表す言葉。被写界深度が深いとは、レンズに映る物体の遠いもの近いものの両方にピントが合うという意味である。

「看護師の研修を経験したのは大きかったと思います。聞く耳ができるようになった。余裕ができたというか、それまでは少年の発言に『何だこの野郎』

という部分も正直あったのですが、この少年の発言はどういうことなのだろう？　もしかしたら病気なのかな、と考えられるようになりました。個別で体育などをしている時は厳しく接していても、合間に話をしている時に看護師の目で話を聞いたり病気の辛さなどを話してあげると、少年から『ありがとうございます』と感謝されて、うまく解決できることもあります。

法務教官と医師・看護師の間で、少年の情報がしっかり共有されていると、少年が安心できるんです。なかには少年鑑別所から医療措置判定を受けてきた少年もいますが、関東医療少年院に来て別の医師とのやりとりのなかから、別の診断をして薬を変えたら状態が落ち着いたという例もあります。たとえば別の病名により投薬を受けていた少年が大きな反応を起こして事故を起こしてしまったという例がありました。その少年を見た医師が『送致病名ではなく統合失調症ではないか』と診断して、薬を変更したら少年の状態が落ち着いたんです。そうすると、それまで少年の爆発的な反応が性格のせいと考えられたり、両親の離婚などの家庭背景や生育歴が非行原因と考えられてきたのに、一つの投薬で、それまでつっけんどんだった少年から刺々《とげとげ》しい気分がすっと消えて、普通の会話ができるようになるんです。出会った医師のアプローチや医学的所見の違いによって、下に病気が隠れていることがあるんですね。家庭環境や躾《しつけ》に目を奪われるだけではなくて、病気があるんじゃないかという目を持てば、少年や家族が救われることもあるのではないかと思います」

厳しい時には厳しく

「二十年の間、法務教官を務めてきたわけですが、失敗はたくさんあります。少年に殴りかかられたこともあります。少年が施設のなかである程度安定して、教育期間の中盤あたりから、かなりハードに事件のことを振り返らせて、その時の気持ちや被害者のことを考えさせますから。つかみかかられたこともあります。少年から『うざい』『死ね』『顔見たくねぇ』と言われることもありますね。それでもまた『心配だから来たよ』と少年に声をかけます。

　被害者のことを考えようとしない時には厳しいですね。一人で突っ込んで、なだめてということもある。殺人をやって『僕が死ねばいいですから』と言う少年もいます。『死んだら簡単だよ』と叱ります。『被害者は苦しいよな。おまえも苦しめよ。なにを苦しむんだ？』『償いと簡単に言うな』『ここにいる時は俺も一緒に背負う。だけど社会に出たら、おまえはどう背負う』それらしい謝罪と作文で終わり、というわけにはいきません。それもやらないと法務教官じゃないですからね。

関東医療少年院にはＧ３（注　非行の重大性等により少年の持つ問題性が極めて複雑、深刻であるために特別の処遇を必要とする者を指す）の少年も収容されていますが、事件の大きさと病状の重さは関係ありません。ただ、Ｇ３の場合は長いスパンでものを見ることができる。病状と自己改善の関係を深くゆっくり見ながら、アプローチすることができます。

　ただ、Ｇ３という制度が生まれた当初はすべて後追いで、五年も収容するというプログラムがなかったので、どうしていいかわかりませんでした。当院の標準収容期間は十二カ月で、二級下・二級上・一級下・一級上と分かれていますが、Ｇ３も処遇段階は基本的には同じです。ただ期間が長いので級を前期・中期・後期と分けます。それぞれの期で進級審査をして、少年に成績告知をして何級下の中期に上がるよ、などと伝えていきます。少年鑑別所の処遇指針や事件の内容、家族関係を勘案しながらそれぞれの教育目標や段階別の到達目標を決めていくんです。

　級や期が上がるごとにクリアできる課題をわかりやすく積み上げて、「クリアできたね」と言いながら進めていくわけです。家に閉じこもってコンピュータばかりやっていたり、自分の世界に没入していた少年で非行歴がなくて大きな事件を突然起こしたというケースなどは、挨拶など人とのかかわりあいから始めることもあります。そういうケースでは被害者が母親や兄弟など家族内ということも多い。そういうケースではいきなり『殺しただろう』とは言えません。まず職員との関係で挨拶ができる、身の周りのことができること、その少年にとって必要なことを目標に設定します。

　処遇期間の長い少年に対しては、いきなり他の少年と一緒にせずに、職員や個別担任との信頼関係を保てるようにします。目を見て話すという目標設定をすることもあります。もともと一人でいることが苦にならなかったり、職員と一対一なら大丈夫でも、複数の職員と会うと緊張するという少年が多いかもしれません。まずは一人や一対一という関係から始めて、できるだけ毎日運動はさせようとか、毎日陽の光を浴びさせようとか、当たり前の日常を送れるように気を配ります。それまでは昼夜逆転の不規則な暮らしをしていたのを、規則正しい生活をさせ、衣類のたたみ方を教える、挨拶の仕方を教える。本当に家庭で教わるようなことを教えていくんです」

第3部

小説
法務教官・深瀬幸介の休日

主な登場人物

深瀬幸介（ふかせ・こうすけ）……五十歳。Ｒ少年院第二学寮寮主任。単身赴任中。

深瀬陽子（ふかせ・ようこ）……幸介の妻。神奈川県で娘・佐知子と住む。

深瀬和幸（ふかせ・かずゆき）……幸介の長男。高校を中退してバンド活動を続けている。

宇田川秀造（うだがわ・しゅうぞう）……三十歳。深瀬の部下。音楽と海を愛するサーファー。

白石（しらいし）……二十二歳。春に法務教官になったばかりのルーキー。深瀬の部下。

峠正人（とうげ・まさと）……十六歳。Ｒ少年院に収容中の少年。

岩尾浩二（いわお・こうじ）……五十二歳。刑務所を渡り歩いてきた刑務官で保安主任。少年院を馬鹿にしている。

工藤（くどう）……若い頃の幸介の相談相手をつとめた法務教官。故人。

立花（たちばな）……若い幸介を苦しめた少年。

遠山（とおやま）……Ｒ少年院の首席専門官。少年と向き合う教育部門の責任者。

峠勲夫（とうげ・いさお）……峠正人の祖父。風見浦の漁師で鯛釣りの名人。故人。

峠太志（とうげ・ふとし）……峠正人の父。元マグロ漁師。

サトシ……峠正人の中学時代の同級生。ひったくり犯の首謀者。保護観察中。

ハルカ……サトシのガールフレンド。

おじさん……アダルト・ビデオの監督。

1　誕生日の朝

その日、深瀬幸介は五十歳の誕生日を迎えた。官舎の寝室で、ひとり目覚めた幸介はそのことに気がつかなかった。

ちょうど夢をみていた。

まぶたのなかに、少年院の教室がある。

少年たちが並んでいた。

幸介は白板に青いマーカーで、シンナー、覚醒剤、大麻と薬物の名前を書き込んでいるところである。少年たちに薬物依存の恐ろしさについて指導を行っているのだ。

夢のなかで幸介は自分をみつめている。いつしか幸介の視線は教室の椅子に坐った、両手の握り拳を太ももにのせた少年数人のうち、誰かの目になっているようだ。

幸介の目は真摯な光を放っている。くちびるがぱくぱくと動いているが、その音は聞き取れなかった。

ふいに、はっきりとした言葉が耳に届いた。

「おれたちのこと知りもしないで、よく言うよ」

幸介の声ではない。

少年の呟きがどこから聞こえてきたのかは、わからない。

二十数年、法務教官として働いてきた現場のどこかで直接、言われたものか。それとも少年の反抗的な瞳のなかから、自分が読み取った言葉なのか。どちらにしろ、自分の頭のなかにあらかじめ在った言葉に違いないのに、その言葉にひどく動揺し、傷ついている心がそこにあった。じんわりと内臓が冷たくなった。

ふいに激しい咳き込みの音がして、夢が破れた。

目を開けると、暗闇に目覚まし時計の黄緑に膨らんだ針が浮かび上がっている。午前五時過ぎだ。

そこは三年間、幸介がひとりで暮らしてきた官舎だった。

役所の規格に沿った２ＬＤＫの座敷には形ばかりの床の間がある。そこには読みさしの専門書が二十冊ばかり積み重なっているだけで、壮年の男が積み重ねてきた人生の成果を感じさせるものはない。たったひとつ、四人の家族が映った写真の額が置いてあるばかりだ。

ぼんやりとした意識で、昨夜タバコを吸いすぎたことを反省してみたが、いつもの繰り返しにすぎない。いっときタバコを遠ざけることができても手がのびてしまう。

（それに……）と幸介は考える。恐ろしい夢から、いつもの咳き込みが救ってくれたような気もする。

「あびらうんけんばざらだどばぁん」

幸介は目を閉じたまま、そっと、その宇宙神を讃《たた》える言葉を口にしてみた。学生の頃、登山に出かけた吉野の山の奥深くで聞いたことのある言葉だ。

「あびらうんけんばざらだどばぁん」

もう一度呟いて、まぶたの裏に太陽を思い浮かべる。眉根のあたりに赤く滲《にじ》んだ光がとりとめもない形で明滅しているような気がする。

さらさらとした麻黄の衣を着た山伏の老人から聞いた言葉だが、たしか真言宗には「身言意《しんごんい》」の三密《さんみつ》というものがあって、身は印《いん》を結んで仏の形をあらわすこと、言は真言を唱えて仏を言葉にすること、意は心のなかに仏がありありと観《み》える、ということだったはずだ。

そのことが頭にあって、大日如来の真言を唱え、あのヌラリとしたまぶたの、半眼を開いて世界を見下ろしている、ナマズのような髭をたくわえた金色《こんじき》の偶像を思い出そうしてみたのだが、幸介には仏など見えなかった。

目を開いた。

勢いよく両足で布団を蹴り上げた。勤務がある日と同じように布団をあげる。

洗面台までわざと乱暴に歩き、ざぶざぶと顔を洗う。洗面器にぬるま湯を張り、T字型の剃刀《かみそり》で鬚《ひげ》を剃った。

それからイタリアンローストの豆を四十グラム計り、ミルで荒挽きにし、二百CCの濃くて苦いコーヒーをつくった。注ぎ口の尖ったポットからポタリポタリと湯を垂らす。砕かれたコーヒー豆が水分を吸い込み、艶やかにふくらみ始める。その焦げ茶色の瓦礫《がれき》が、生命を吹き返したように、微細な泡をふくのだが、その泡のなかに浮かぶ虹《にじ》をしげしげと見るのである。

「このコーヒーさえ淹《い》れることができれば、俺は絶対に仕事に行ける」

いつのころからか幸介は、朝のコーヒーを淹れる度にこの妄信《もうしん》を思い浮かべ、繰り返し自己の内面に囁《ささや》きかけることで、法務教官である自分を律する絶対的な儀式に育てようとしてきたのだった。


前日の午後二時半すぎのことだった。

幸介が寮主任をつとめる第二学寮の少年と法務教官が暴力事件を起こした。

院内の内線電話で知らせを聞いた幸介が農場に駆けつけてみると、すでに問題の少年は調査のために同行された後で、他の少年たちは隊列をつくってかけ声をかけながら寮に戻るところだった。

隊列とすれ違うと、法務教官の白石《しらいし》だけが白菜畑にぽつねんと立っている。白石は法務教官採用試験に合格して一年にもならない新人で、半年前にR少年院の法務教官を拝命したばかりである。両親が中学の教員で、教師になることが家族に与えられた至上命題であったが、教員採用に失敗したという。

「しょうがないから法務教官になったんです」

春の顔合わせの酒席でそう発言して、周りにいた法務教官たちを凍りつかせた若者だ。

白石は暗い目で地面をみつめていた。

「どうした。なにがあったんだ」

できるだけ責める口調にならないように語りかけたつもりだったが、白石の肩はこわばった。

「峠正人《とうげまさと》があまりに農具を乱暴に扱うので注意をしたんです。すると急に……」

「殴りかかってきたのか」

「ええ」

白石は殴られた部位を思い出したように拳で鼻をぬぐった。拳がうっすらと血で汚れた。

「ひとりで制圧したのか？」

「もみあっているうちに新藤先生がかけつけて、峠を羽交い絞めにしてくれました」

「峠の処分を検討することになるだろうが、そのためには事実関係がしっかりわかってないと少年にも不満が残る。君はもみあった時に殴ったり蹴ったりしたか？」

目をふせた白石の表情はいっそう平板になる。どう言えば自分の行動が周囲に受け入れてもらえるのか、咎《とが》められずにすむのか計算しているのかもしれない。

「一発殴りました」

蒼ざめた顔で白石は認めた。

峠正人は農場から他の教官によって連れて行かれ、単独室に入れられた。

部屋の天井には二十四時間体制のカメラがとりつけられていて、教育部門教官室の壁にとりつけられたモニターで監視されている。そこで飯を食べ、面接を受け、課題作文を書き、腹筋運動を行い、クソをする。少なくとも一週間は、週に二度の入浴以外に部屋を出ることもなく、二畳ほどの空間で規律違反行為の反省を強いられるのである。

　幸介は今年の春からR少年院教育部門の第二学寮の主任となった。この少年院では入院したばかりの新入時教育過程の少年を第一学寮に、中間期教育過程の少年を第二、第三学寮に、出院準備過程の少年を第四学寮に入れることになっている。

　幸介は中間期教育の少年約二十名が入った第二学寮の責任者であり、自分より若い法務教官四名の仕事ぶりを頭に入れ、少年たちの面倒を見なければならない。

　白石は幸介の直属の部下であり、峠正人は第二学寮の生徒であった。峠正人の心のしこりを究明し、本人が納得する形で寮に戻すまでのやりとりと、少年と法務教官の和解を並行して行わなければならない。

監視者である法務教官に暴力をふるったことは重大な事件に違いないが、事故のきっかけが少年にあったのか、それとも部下の白石にあったのかはまだ不明である。背景に院のなかで長い時間をともにする少年と法務教官の感情のすれ違いや日々の暮らしのなかで積もり積もった心の澱《おり》を覗き込まなければならないとすればやっかいだ。

　幸介はコーヒーを飲みながら、ため息をつく。

　その手がテーブルの上にあるタバコに伸びていった。

　神奈川に住む妻の陽子《ようこ》から電話があったのは午前八時半ちょうどだ。非番の日には、朝の連続ドラマを見た後にかけてくることが多かった。ドラマの内容しだいで泣き声だったり、妙に高ぶった声だったりすることがある。そして、ひとしきり熱心にストーリーを説明するのである。

「誕生日おめでとう」

今日はやけに優しい声だ。

「おっ、そうか……。いったい俺は何歳になったかな」

「いやねぇ、五十路《いそじ》よ、五十路」

「そういえば白髪が増えた」幸介はヒゲ剃りに使う小さな鏡をのぞきこんで、少しおどけた声で言った。「ニュース２３の司会ができそうだ」

「あら、珍しいじゃない、冗談言うなんて……」

遠く離れて暮らすようになって三年になる。

「佐知子《さちこ》はどうしてる？」

「おかげさまで楽しくやってるみたいよ」

長女の佐知子は十七歳だ。横浜にある女子高に通っている。幸介が転任先のＲ県に単身赴任したのは佐知子の進学のためだった。子どもを引っ越しに巻き込まないよう、幸介みずからが単身赴任を望んだのだ。

過去の失敗があった。

「そういえば……」妻はくすくすと笑った。「和幸《かずゆき》から手紙が来たのよ」

幸介は長男の名前を聞き、身を硬くする。

「ふーん、なんて書いてあった？」

あいかわらず定職に就いていないのだろうと思うと、つい不機嫌な声になってしまう。

幸介の反応を予測していたのだろう、妻の声はさらにさりげなく、明るく振る舞う調子になった。

「アルバイトをしながらバンド活動を続けているみたい。あの子はあの子なりに頑張ってるのよ」

「そうだといいが」

「現金書留でね。五千円入っていたの」

「……」

「お金は、父さんの誕生祝いに使ってくれって、それだけ書いてあったわよ」

「そうか」

「和幸もいいとこあるじゃない」

喜びとはほど遠い複雑な感情が押し寄せてきて、幸介は大声で叫びたい気持ちを堪えた。

「それでね。和幸のお金に私と佐知子のお金を足して、誕生日のプレゼントを買ったわ」

「そう……」

「お父さんが一番幸せそうに見えたのは、どんな時だったか、佐知子と二人で話したの。ずいぶん迷ったわ」

「ずっと幸せだったはずだがな」

幸介は強がりを言った。

「そろそろプレゼントがそちらに届くと思うわ。今日の午前九時までに届く宅配便で送ったのよ」

幸介が腕時計を覗きこんだその時、陽子の予告どおり、玄関のチャイムが鳴った。


誕生日のその朝、幸介は官舎の二階を出て、隣接するR少年院に向かった。

いつもの出勤時間より三十分遅れて行くことにした。非番の人間が朝のひきつぎからうろうろしていれば、他の教官たちにいらぬ想像をさせてしまう。昨日の事件を必要以上におおごとに見せたくなかった。

正門を入り、庶務課の事務室でマスターキーを預かってドアを開ける。教育部門教官室の扉の前で暗証番号を打ち込んだ。少年院の建物の出入り口、廊下、各部屋は、少年の逃走事故を防ぐために、扉がひとつずつ施錠されていて、マスターキーがなければ院内をまったく移動できなくなる。

教育部門に入ると、紺色の制服を着た白石が席についてパソコンに向かっていた。

深瀬に気がついて頭を下げた。当惑しているのが、気まずい表情で知れた。

「深瀬主任、今日は非番では？」

「ちょっと調べたいことがあって……、例の峠正人だが、記録を見せてもらえないか」

　白石は事故の後、報告書を上げるために少年簿や少年調査記録を覗いたはずだった。少年簿は主に少年院での処遇の履歴などを記録したものであり、少年調査記録は家庭裁判所から送られてきた少年審判に使われた少年調査票や鑑別結果通知書を綴った書類である。白石は棚から素早く少年簿と少年調査記録を抜き出して、幸介に手渡した。

　教育部門に設置された四台のモニターのひとつに、単独室の天井の広角カメラから捉えられた峠正人の坊主頭と肩が映し出されている。内観でもおこなっているように律儀な正座姿だ。

「どうだい、峠の様子は……」

　峠に殴られた白石は、その画像を、気持ちの読み取りにくい硬い表情でみつめた。

「昨日はおとなしく寝ていたそうです」

他人ごとのような口調である。

「ただ一応、反省の言葉は出たようですが……」

「暴れた原因は？」

「そこまでは出てないと聞いています」

　幸介は席に座り、まず少年調査記録を開いた。

　家裁調査官が調べた少年調査票を読んでみる。

　峠正人は平成五年生まれ、少年院に収容された後の五月に十六歳の誕生日を迎えている。

　保護者は父親の峠《とうげ》太志《ふとし》（四十二歳）となっているが、母親の名前はない。

　調査票によれば、父・太志は近海マグロはえなわ漁の漁師として沖縄で働いていた平成五年に糸満市で知り合った女性と結婚、まもなく正人をもうけた。しかし、太志の浪費癖がたたって夫婦仲は次第に険悪となり、正人が二歳の頃、協議離婚をしている。

　正人は父の生地であるＲ県の祖父母のもとに預けられ、祖父母に育てられた。中学二年の時に祖父が亡くなり、父・太志はマグロ漁船をおりて実家に帰った。しかし、正人と父はともに暮らした経験がなかった。正人は生家近くの高校に進学するが、祖母が亡くなったことをきっかけに、父親を避けて夜遊びをするようになった。その後、県庁所在地にある私立高校に進学した中学の同級生のアパートを頼って家出をしている。少年院に送られた事件は、この同級生とともにバイクによるひったくり盗を問われたもので、家庭裁判所は虞犯、ひったくり盗が三回にわたり繰り返されたこと、被害者のひとりが転倒した際に全治三カ月の重傷を負ったことから中等少年院送致を決定している。

　鑑別所による知能テストの結果はＩＱ六十五。知能水準は下であり、動作性に比較し言語性が低く、学習不足とされている。精神障害などの兆候はとくにない。性格は明るく従順であるが、その反作用として周囲の意見に付和雷同する傾向があり、精神的に未熟と指摘されている。

　幸介は峠正人を初めて見かけた頃のことを思い出してみる。愛らしい顔をした少年で、身体がひ弱で小さかったから、「周囲の少年にいじめられないだろうか」と心配したことを思い出した。少年院に入って二カ月ほどの新入時教育に反発することもなく、目立たない生徒として法務教官の話題にものぼらない少年だった。

（それなのにどうして暴力事件を？）

　幸介は顔をあげ、白石に声をかけた。

「白石、おまえはどう考えてる」

「なんでしょうか？」

「峠正人はおまえだから殴り掛かったのだろうか、それとも法務教官なら誰でも良かったのか。けっこう大切なポイントだと思うんだがな」

　白石の頬が怒りで赤くなる。視線をそらした。

「峠正人との関係で、感情の行き違いはなかったと思います」

白石はムッとした表情を隠さなかった。

幸介は心のなかで舌打ちをした。少し率直に聞き過ぎたかもしれない。

ここ十年ほど少年たちの心が変わってきていると幸介は感じていた。多くの少年たちは自尊心が高く、みずからのプライドを守ろうとする意識が強い。それに比べ、他人の感情を自分に重ねようとする共感能力は薄い。少年たちの心は小さな密室のように狭苦しく、他人が上がり込む玄関やリビングルームを持っていない。少年たちはひとりよがりな密室の壁を、内側から厚く塗り込めることは知っているが、自分の部屋の構造そのものを他者との情報交換を通じて強靭《きょうじん》に組み立て直していくという回路を持っていないらしいのだ。

そうした傾向は、若い法務教官のなかにも同じように芽生えていて、職務の上下関係だけで心を重ね合わせることは難しかった。仕事の上でのやりとりは、それなりに形通り進んでいても、心のすれ違いを感じることが多くなったような気がする。

幸介は少年簿に目を落とした。

「一週間前に父親が来院しているね」

「えぇ、一時間ほど面会したんです」

「話した内容は誰が聞いたんだろうか」

「個別担任の宇田川《うだがわ》さんと私が立ち会いました」

「父親とは出院後の話でもしたかな」

「いえ、峠の起こした傷害事件のために、地域での人間関係がうまくいかないらしく、峠を責めるような口調でした」

「責める？」

「どちらかというと愚痴っぽいというか……」

父親はまだ、少年が罪を犯したことを自分の人生の有り様に深く関わる出来事として受け入れていないのだろう。自分の状況に見合った形で、少年だけが変わってほしいと願っている。はっきり言えば、父親が感じる苦痛が、少年が変わることで取りのぞかれることだけを考えている。少年院にやってくる保護者の多くが、そう考えているものだ。

自分に苦悩と厄介をもたらす子どもなら、目の前から消えて欲しい。そのような態度がありありと見える保護者さえいる。

「峠正人に戻る場所はあるのかな？」

幸介は誰に問いかけるというわけでもなく、そう呟いた。

白石は答えようとしない。どこかよそよそしい表情で、あらためて幸介を見た。

白石は若い。それなりに整った家庭に育ち、学校教育に適応して勝ち抜いてきている。大学で教育学を学び、法務教官の採用試験を通って、それなりの自負を持って拝命を受けただろう。この半年、少年院に収容される泥臭く、不器用な少年たちを見て、何を考えているのだろう。

「下手なプライドなんかより、自分の駄目なところを自覚するほうが、ずっと法務教官の仕事には役に立つぞ」

つるりとした顔立ちに向かって、幸介はそんなセリフをぶつけてみたくなった。しかし、書類をパタンと勢いよく閉じ、ようやく言葉を呑み込んだ。本人が答えを求めないうちに、頭ごなしに言うべき言葉ではなかった。

席を立ち、幸介は第二学寮にいるはずの宇田川に会うために、ポケットのマスターキーをまさぐった。

教育部門の奥のドアを出ると廊下がある。廊下の脇には面会室があって、そこを抜けると中庭につながる施錠されたドアがあった。このドアの向こうに体育館や寮舎、農場、職業補導のための教室が広がっている。

深瀬幸介が渡り廊下を歩いていくと、第二学寮から子どもたちが出てくるところだ。

「せェれェーッ!」

じゃがいものような顔の少年が顎《あご》を上げ、大声を絞り出した。うしろの少年たちは二列に並び、素早く手を上げて距離をはかり、行間をととのえる。

「いちッ、にッ、さんッ、しッ、ごッ、ろくッ、しちッ、はちッ、くッ、じゅッ」

右列の全員が先頭から点呼を取る、左列最後尾の少年が「ケツッ!」と叫ぶ。基準となる右列が十人で、ケツは左列の最後尾がいないことを意味するから総員は十九人だ。

昨日までは、単独室にいる峠正人が「マンッ!」と叫んで、二十人の少年がいたのだった。

幸介が近づいてきたことを少年たちは悟ったようだった。隊列を組んだ少年たちの顔に、小さな感情の花びらが浮かび上がるのが幸介にはわかる。ひとりひとりの少年に、それぞれの法務教官に対する心の距離がある。幸介に親しさを感じる者もあれば、緊張を感じる者もいる。親しさにも緊張にもそれぞれの深さがあり、それをあらわす表情にも少年それぞれの違いがある。

少年たちは、少年院という潮だまりに取り残された一種類の魚の群れというわけではなく、違う生き物なのだと、ここ数年の幸介は考えるようになった。ある者はカニであり、ある者は貝である。そう考えるほうが、少年たちの違いを受け取りやすい。なにより、少年のグループをさまざまな生物が共存する潮だまりの小さな生態系だととらえるほうが自然であり、法務教官としてどっしり構えることができる。

しかし、少年非行という、いわば社会の影の部分を公費で改善させるという制度上の枠組みから見れば、こうした考えは効率の悪いものになる。少年たちの違いを果てしなく認めていけば、指導に手間ひまがかかり法務教官の負担も増える。

そもそも幸介には、少年たちの手足を折り畳むようにして小さな容器に詰め込むことを教えられ、それを是として実践してきた歴史がある。少年院に送られてくる子どもたち全体に沸騰《ふっとう》するようなエネルギーがあり、それを抑え込むことに精一杯の時代があった。

「だが、今は違う」

2　笑わない男たち

幸介は隊列を点検している宇田川《うだがわ》秀造《しゅうぞう》の背中に近づいた。宇田川は拝命から七年目の三十歳。毛色の変わった、少年たちに人気のある法務教官である。嵐の日にわざわざ海に出て、サーフィンをするという評判であった。

宇田川は紺色の制服を着た体を素早く回転させて、向き直る。帽子を取ると、赤茶けた長い髪がこぼれた。私服姿の幸介を直視した。

「第二学寮十九名、異状ありません」

幸介はうなずいた。宇田川もまた、少年たちの表情の変化を読み取って、幸介が近づいてくることを察したに違いなかった。

「いッチにッ、いッチにッ、いッチにッ……」

隊列は大きな声を出しながら、グラウンドに進んだ。寮の前で点呼をとり、人数を確認して、行進で次の場所に向かう。少年院で働く者にとって日常的なこの風景も、外部の人々にとっては衝撃的な風習に映るらしい。見学にきた新聞記者が「軍隊みたいですね」と口走るのを聞いて、幸介は複雑な気持ちを覚えたことがあった。

グラウンドに着くと、少年たちは指示された場所に散らばり黙々と雑草を抜き始めた。逃走事故を防ぐため、少年たちが作業をする周囲を三人の法務教官が取り囲み、後ろ手を組んで見守る。少年たち全員を広く視野に入れ、死角が生まれないように気を配る。幸介は宇田川の隣に並んで、後ろ手を組んだ。

幸介は低い声で話しかけた。

「昨日、事故があったことは聞いているね」

「自分は非番で休んでいましたが、今朝、首席専門官に事情を聞きました」

海に行ったのだろうか、と幸介は考えたが、口に出さなかった。

「峠正人には会いましたか？」

「勤務に着く前に、単独室で五分ほど話しました」

「本人は罪を認めましたか？」

「えぇ、三発殴ったそうです」

宇田川は、後ろ手を組み、背筋を伸ばしたまま、うっすらと笑ったようだった。

幸介は笑いの意味がわからない。

制服よりもジーンズや皮ジャンのほうが似合いそうな、宇田川の日に焼けた横顔をみつめた。帽子のツバの影に、白く澄んだ瞳がひとつ浮かび上がっている。十八の頃に交通事故で左の視力を失ったのだという。

幸介は、宇田川が苦手だった。半年前、転任してきたばかりの宇田川と、初めて二人きりで酒を飲んだ時、その白い瞳でみつめられたことがあった。

宇田川の父は関西で手広く飲食店を経営する会社社長で、宇田川が十歳の頃、両親は離婚した。その引け目があったのか父親は極端な放任主義だった。宇田川は父を挑発するように、高校生の頃から父の金で盛大に遊んだという。大学生になった年の夏、父の車を持ち出してドライブにでかけた帰り、宇田川は高速道路でスピードを出し過ぎ、自損事故を起こした。父親のメルセデスは大破し、宇田川は前身打撲と両足の骨折で半年間の入院生活を送った。左顔面を強打して失った視力は、退院後も戻らなかった。

「俺は一度、死んだんです」

宇田川は言った。誇っているわけでも、卑下しているわけでもなかった。死をかいくぐった体験がそうさせるのか、宇田川には現実に身を沈めない超然とした佇《たたず》まいがある。

「この男を、アゴで使うようなことはできないだろう」

幸介は、そう直感した。

聡明に光る右の瞳と虚空《こくう》をみつめているような左の瞳の両方にみつめられるうち、話している幸介はひどく不安になってきた。自分の積み重ねてきた法務教官としての経験やプライドが蒸気《じょうき》のように飛び去って、自分の存在そのものが吸い込まれるような気がした。このところ五十歳を迎えた幸介が、しきりに法務教官として生きてきたことの意味を考えるようになっているのは宇田川がきっかけかもしれなかった。

それにしても、若い法務教官が収容者である少年に暴行されたことを笑って済ませられるものではない。

「収容者が職員に暴行をはたらくのは最も重い規律違反行為のひとつだ」

幸介は牽制《けんせい》の意味もあって原則論をぶつけてみる。

「わかっています」

宇田川は、グランドにうずくまって草むしりを続ける少年に目を向けたまま囁《ささや》くように答える。

「しかし、内面に葛藤《かっとう》をかかえて自滅しつづけてきた峠正人にとっては、今回の失敗は自分を変えるチャンスかもしれません」

幸介は戸惑う。自分が言うべきセリフを先回りして言われたような居心地の悪さがある。

「深瀬先生は、今、非番で私服ですから。一度だけ、私の本音を言わせてもらいます。ここにいる少年たちは元気がありあまっているわけではないのです。内側から沸き上がってくる生命の力がない。そんな少年の行動の上っ面を刈り込み、磨いて、体裁を整える教育をやっても意味がないと思うんです」

宇田川の白い瞳に強い光が走ったように見えた。

「むしろ俺は、峠正人をほめてやりたいんです」

「白石を殴ったことを？」

幸介は信じられない思いで、そう確認したのだが、宇田川の悟り澄ましたような表情は変わらなかった。

「えぇ、殴って良かったと思います」

ひどく大切なものが踏みにじられたような感情が湧いた。耳の奥が、カッと熱くなった。

「そんな馬鹿な！」

怒鳴っていた。幸介はさらに大きな声で叫んだ。

「焦げた鍋をスポンジで撫《な》でて、それできれいに磨けるのか！」

グランドにいる誰もが凍りついたように見えた。草むしりをしていた少年たちがいっせいに振り向いて、私服姿の幸介を盗み見ている。幸介の心をさぐるような、卑屈な視線が並んでいた。

しまった、と思ったがもう遅い。なにより幸介自身が、自分の発した言葉に驚いていた。

「焦げた鍋をスポンジで撫でて、それできれいに磨けるのか！」

それは二十八年前、法務教官になったばかりの幸介が、先輩に浴びせられた怒声そのものだったのだ。そんな言葉が今、口をついて出たのはどうしてなのか？

「すまん、つい声が大きくなった」

宇田川はなにごともなかったように少年たちをみつめている。

マスターキーで次々に扉を開けながら、深瀬幸介は教育部門に戻った。

そこに企画担当で保安主任の岩尾《いわお》浩二《こうじ》がいた。

「岩尾先生」

席でパソコンをのぞきこんでいる岩尾はキーボー

ドの上で動いていた手を止めた。

不自然なほど長い間があった。岩尾の流し目がゆっくりと幸介の胸を這い上がり、幸介の顔に視線が届く。その視線の鋭さに幸介はおもわず息を呑んだ。

「やっと見えましたか」

感情を押し殺した声で岩尾は言った。寮の責任者である幸介が、事故の翌日にのこのこやってきたことを非難しているようにも聞こえる。

「峠の件ですが……」

「規律違反行為の話は聞いてます。最近、あちこちがダラッとしてましたからね」

「実は白石先生や宇田川先生とも話してみたんですが、峠の事件にはまだわからないことがいろいろありまして……」

「ほう」

岩尾は片手でボールペンを弄《もてあそ》びながら、くるくると回る筆記具に視線を落としたまま尋ねた。

まぁ言ってみたらどうかね、とでもいうような、どこか人を試すような態度だ。幸介は自分が、子どもの不始末で学校に呼び出され、高圧的な教師に詰問される親になったような気がした。

「峠正人はうちの寮にいる生徒のなかでも、目立たない弱い子です。職員に底深い悪感情を抱いているわけではないし、なにかを計算して今回の事故を起こしたわけでもないでしょう。単独室でしばらく自分をみつめさせたら、あまり責めたてないで、寮に戻してゆっくり向き合ってやりたいのですが」

岩尾はそれを聞くと、底意地の悪い目つきでにやりと笑って、突き放すような声で言う。

「峠正人の処分を軽く仕上げることは簡単ですよ。しかし、事情を知らない他の少年たちの目にはどう映りますか。職員を殴っても大したことはないんだと考えないでしょうか。施設や職員を甘く見る空気が広《ひろ》がったら、マッチ一本で大爆発が起こりかねない」

岩尾は幸介より二つ年上で、二年前に同じ管内の刑務所からR少年院に転任してきた。少年院は初めての勤務である。めったに笑わないことから、岩尾は受刑者から「紋次郎」という渾名《あだな》で呼ばれていたという評判だった。浅黒い肌に太い眉、切れ長の鋭い目、とがった顎を持つなかなかの二枚目である。たしかに大ヒットした時代劇のニヒルな主人公に似てなくもない。すらりと痩せた身体全体からは抑制された殺気と不機嫌が漂っていて、岩尾を意識するだけで少年たちは緊張するのだった。

この先、この男が峠正人から暴行事件の調査を行うことになる。岩尾の鋭い視線にさらされ、つららのように冷たい声でなぶられたら、峠正人はどうなるのだろうか。幸介は岩尾を仲間に引き入れることができるとは思わなかったが、その鋭利な気質が峠にぶつかる衝撃《しょうげき》を少しでもやわらげたいと思った。

「寮の集会をどう指導するかで、子どもたちの考えは調整することができるでしょう。少年たちは峠のしたことを見ているし、白石が殴られた背景もそれなりに読み取っているはずです」

幸介はそう抗弁してみた。

「ふーん」と岩尾は言った。「収容者に甘いんですね……。少年院というのは、そういうところがグニャグニャしていて困るなぁ」

うんざりしたという表情を岩尾は隠そうともしなかった。刑務所と比べれば、少年院は甘い。そう考えているのだろう。

「私としては規律違反行為を起こした生徒に手心をくわえるなんて芸当はできませんね。表に出た行為を何の評価もせずに放っておけば、収容者の頭のなかにあらぬ想像がもやもやと広がるもんです。人間の心にはやっかみや嫉妬《しっと》もある。峠正人を優しくあつかえば、個別担任と峠正人の間に特別なひいきがあるんじゃないかという憶測も起こるでしょう。そういう言葉が私たちの目の届かないインフォーマルな世界でひそひそと囁《ささや》かれ、増殖するんです。峠が問題を起こした。だから相応の罰を受けたという実績を少年たちにみせつけなければならない。そこは譲《ゆず》れませんよ」

「しかし、心を解きほぐすことも大切です。宇田川先生ならやってくれると思います」

声を荒立てたことを反省したというわけでもないが、幸介は峠正人をしばらく宇田川に任せてみようと思い始めていた。

いぶかしげな表情で岩尾は幸介をみつめた。

「あの子は表現力が乏しく、自分を押し出すようなところがないので、新入時から一番手がかからないノーマークの子として送られてきているんです。それに私たちの力不足で、性格がうまくつかめなかった。今度の事件は残念ですが、適切な処遇を考えるいいきっかけになるかもしれない。守備範囲を広めにとって、待ってやってくれませんか」

高い壁を築いて人に踏みにじられまいとしていた岩尾の繊細な心が一瞬だけあらわれて、眇《すが》めたまぶたで隠されていた美しい瞳が揺れるのを幸介は見たような気がした。

「ふーん。少年院って、そんなもんですかねぇ」

そう言って顎をしゃくった岩尾の顔は、すでに「紋次郎」に戻っていたけれど。

それにしても今日は非番である。

岩尾の刑務官らしい圧力と考え方に対峙《たいじ》した緊張は、少年院を出た後も体に残っていた。幸介はそれを忘れようと、妻の陽子が朝方に送ってきた誕生日のプレゼントを思い出してみた。

それは防波堤でクロダイを狙う「落とし込み」と

いう釣法に使われる特殊な片軸《かたじく》リールと釣り竿であった。

　リールは美しい銀色だ。構造はひどく単純で、アルミニウムを削り出したスプールと軸受けでできている。スプールは直径十センチほどの、ミシン糸を巻くボビンのようなもので、車好きの青年が好んで装填する穴のあいたホイールに似ていた。わずか百グラム。手に乗せてスプールを押してみると、軽快に回転し、いつまでも止まる気配がない。ごく単純な機能のために驚くほど贅沢《ぜいたく》な加工技術が投げ入れてあるのだった。

　落とし込みは道具立てが簡単で手軽な釣りである反面、技術と集中力が求められる。関東の少年院でヤクザ上がりの少年と格闘していた頃、親子ほど歳の離れた工藤《くどう》という叩き上げのベテラン法務教官に教えられたのだった。粗末な道具で休みごとに近場の防波堤に出かけ、熱中した時期があった。

　幸介はリールに触れながら、工藤を懐かしく思い出した。

「釣りぐらい覚えておかないと胃に穴が開くぞ」

　幸介を釣りに誘った時、工藤はそう言った。仕事にのめり込む幸介を見かねた思いやりだったのだ。よく酒も飲んだ。すでに工藤は故人となり、ここ五年は幸介も車を海に走らせることさえない。

「春に神奈川に来た時、読みさしの釣り雑誌を置いていったでしょ」

　宅配便に添えた手紙に陽子はそう書いていた。

「そのなかにあなたがボールペンで印をつけているページをみつけたの」

　それが送られてきたリールであった。陽子は娘の佐知子と一緒に渋谷の釣り具店に出かけ、店員に根掘り葉掘り質問をしたあげくリールと竿を買い求めたらしい。

　幸介自身は、写真に映った造型美《ぞうけいび》に惹かれて印をつけたものの、釣りからは遠ざかっていたし、高価なリールなので諦めていた。しかし、いざ手にしてみると心が騒いだ。

幸介は晴れ渡った青空にひろがる鰯雲《いわしぐも》を見上げた。妻の心づかいに応えるなら、秋が深まる前に海に立つべきだと思った。

官舎に戻った幸介は、包みをほどいたばかりの釣り具を手に部屋を出た。

宇田川秀造は単独室に峠正人を訪ねていた。ベッドの上で腕立て伏せや腹筋などの軽い体操を廊下から指導した後、宇田川は峠の部屋に入ってベッドの上にあぐらをかいた。

峠はベッドの隅で正座をしている。親族が小柄なのか、身長は一五六センチと女子高生並みで、骨格もか細い。坊主頭で、つぶらな瞳を持ったこの少年が正座している姿を眺めれば、いったい何が少年院に来るほどの非行を犯させたのかと、誰もが首をひねるに違いない。

雑談をするうちに家族の話になった。

「君のおじいさんはどんな人だったの?」

峠はまぶしそうに目を細めて祖父の記憶をまさぐっていたが、やがてクスクスと笑った。

「じいちゃんは字が書けませんでした」

「字が書けない?」

「小学校の二年くらいの時、先生に連絡の紙をもらいました。なにかの申し込みかなんかだと思います。渡したら名前を書くところがあって、じいちゃんの名前は峠《とうげ》勲《いさお》夫というんですけど、峠と夫という字を書いた後、真っ赤な顔で紙を睨みつけていました。間の字が思い出せなかったんです。それで、ばぁちゃんに書いてもらいました」

祖父を貶《おとし》めているような内容でありながら、あまりに愛おしそうな口ぶりで話すので、宇田川はそのエピソードをどう捉えていいものかわからなかった。

「じいちゃんが三歳の頃にじいちゃんのお父さんの船が時化《しけ》で沈んで、じいちゃんは親戚の家にもらわれたそうです。それでジンジョウコウトウショウガッコウを卒業してすぐに、近くの人の船に乗って漁師になって、それからずーっと魚を釣って暮らしてきたので、字を書けんでも仕方なかったと思います。そのうち戦争になって、乗っていた漁船といっしょにグンゾクになってフィリピンとか行ったそうです。戦争が終わってから、マグロ漁船に乗るようになってマッカーサーラインのところでビンナガマグロを釣ったそうですけど、そのうちアフリカのケープタウンでミナミマグロを釣るようになってすごく儲けたそうです」

「いろいろと、すごいことを知ってるな」

宇田川は舌を巻いた。

「船のうえで何百回も聞いたので……」

そう笑った峠の顔は、追憶《ついおく》によってますます柔和《にゅうわ》になり、輝いている。

「沖に出ると、じいちゃんはとてもカッコよかったです。海の底にどんな岩があるかを覚えていて、陸地の山とか建物を見ながら同じ場所に行くんです」

「たしか山立てって言うんだろ」

「はい。風見浦《かざみうら》の沖にある鯨瀬の近くにマダイがよく釣れる隠れ根があって、じいちゃんの得意の釣り場でした。糸に鉛をいっぱいつけたビシマという糸にテンヤという仕掛けをつけて、すごく大きなタイを何枚も釣りました。僕も五キロのタイをそこで釣りました」

少年は胸を張った。そこには宇田川がこれまで見たこともない自信たっぷりの峠正人がいた。この少年は祖父から海のことだけを教わって育ったのだ。

「おじいさんはもういないけど、君はひとりで船を操縦してそこへ行けるの？」

「たぶん、行けます」

「じゃあ、ひったくりなんかしないで魚を釣っていればよかったなぁ」

それは宇田川の率直な感慨《かんがい》だった。漁師町に生きる、時代遅れの少年として暮らせるものなら、それで良かったのに、と考えたのである。

「僕が生まれた頃、風見浦のとなり町にタンカーが着くような大きな港ができて……、海の底をほじくり返したせいで海が汚れて、魚がどんどん減っていたんです。……。それにあの人とは海に行きとなかったんで」

「あの人って……、お父さんか」

峠正人は宇田川の問いに答えようともしない。父親を思い出した途端、体全体が急にしぼんだように見えた。幼い頃に母に捨てられ、父もまた峠正人を祖父母に放り投げるように預けている。祖父母が細やかな愛情で峠を包んでいたとしても、折り目折り目で深いさびしさを感じて生きてきたことは間違いない。祖父の死をきっかけに漁師町に戻ってきた父親とは初対面のようなもので、峠は関係を築き上げる糸口もつかめないうちにひったくりの共犯として捕らえられ、少年院《ここ》に送られてきたのだ。

「ばぁちゃんが死ぬ前、病院でばぁちゃんに言われました」

「どんなことを言われたの？」

「ばぁちゃんが死んだら、お前はひとりぼっちになる。お前の父ちゃんが頼りになるかどうかはわからん。お前は気立てはいいが、ひとりで世の中を渡っていく人間じゃない。優しくしてくれる人がいたら、素直について行きなさい。争いをしたらいかん」

峠の祖母が言ったという言葉を、宇田川はやりきれない思いで聞いていた。峠正人の気弱さと能力の低さからみれば、祖母のアドバイスは孫の行く末を考え抜いた挙句《あげく》に出てきたに違いなく、実に的確だ。

　父親と二人きりになったのを嫌って漁師町にある家を飛び出した峠は、中学時代の友達が住むアパートに転がり込み、友人に誘われるままにバイクを使ったひったくり盗の共犯者となっている。ある意味で、祖母の遺言を忠実に守った結果が少年院送致だった。

「君はお父さんが嫌いか？」

　峠は気弱に首をかしげた。

「さぁ、わかりません」

　宇田川は肩すかしを食ったような失望を味わいながら、「腹を立てるな」と自分に言い聞かせた。この少年院ではよくあることなのだ。

　心理学者のユングは人間の内面を、本人が意識できるエゴ（自我）と無意識を含むさらに大きなセルフ（自己）に分けているが、言葉の発達が未熟な峠正人のような少年はエゴそのものが耕されることなく放置されている。だから、こうした少年たちは自分たちの内面を言葉で表現しなければならなくなると、不安になり、そこから逃げ出そうとする。

　言葉という羅針盤《らしんばん》を持たない彼らにとっては、意識のある世界ですら荒れ狂う海なのである。しかし、表現力が乏しいために、そういう不安そのものは表に出ない。不安から逃れるための、一見無関係な行動だけが周囲の目に映る。

　失った祖父母に対する深い愛着、記憶のなかで結像することのない父親像の欠落《けつらく》、突然帰ってきた父親。峠正人はそれらのネガティブな材料を咀嚼《そしゃく》しなければ一歩も前に進めない状況に追い込まれている。

「だから、この子は優しい祖父母の記憶に避難しているのではないだろうか」

　宇田川は、単独室のベッドに正座している少年と向き合いながら、怒りを感じた。峠正人が味わっただろうさびしさが、宇田川の心のうちに侵入して宇田川自身の少年期の記憶に飛び火したのであった。

今すぐ車にサーフボードを積み込んで荒れ狂う海辺に行きたいと思った。波の轟《とどろ》きに、水の重さに全身を投げ出して、身体の脇を死がすり抜けて行った時だけに湧き上がってくる「勇気のようなもの」に出会いたい。そうしなければ、この場所で働く気力がしなびていくような気がした。

「辛いだろうが、今、君の周りにいる肉親はお父さんだけなんだ」

宇田川は優しい声で言った。

「この部屋にいる間、ゆっくりとお父さんのことを考えてみることはできないかな？」

「でも、なにも……」

過去はなにもない、そう言いたいのだろう。

「そうだな。でも、先のことだよ。未来」

「みらい？」

「これからお父さんと仲良くするのも、別れて自分で生きていくのも、君の自由だ。だけど、君のことを育ててくれなかったお父さんが今、君が育ったおじいさんの家にいるんだろ」

「はい」

「君はどうしたいんだ。いつか、おじいさんの家に戻って、おじいさんにもらった船に乗りたいのか」

「乗りたいです」

「お父さんはどうする？」

「近くにいて欲しいかどうか、わかりません」

「それを考えてみよう。な？」

宇田川は手を伸ばし、峠の肩に触れた。

峠正人はいかにも「困った」というように、口を半開きにして目をつむってみせた。

その時、単独処遇棟の廊下に、鉄の扉が閉まる音が響いた。スニーカーの足音が近づいてくる。

鉄格子の外に岩尾浩二が現れた。片手にメモボードを持ち、厳格に背筋を伸ばしている。

宇田川は立ち上がり、岩尾は険しい顔でうなずいた。

ボードに目を落とした。

「君が峠正人だね」

「はい」

「私は企画の岩尾です。これから君が昨日起こした事故の内容を確認します」

宇田川は個室の外に出て、岩尾の隣に立った。

「自分も調査に立ち会ってよろしいでしょうか?」

岩尾は宇田川の目を射《い》るようにみつめた。

「君は峠正人の弁護人でもやるつもりかね」

「いえ」

「給料が無駄になる。教育部門にでも戻りたまえ」

一瞬、睨み合いになった。

厳しい調査を受ける峠正人を助けたいと思うのは宇田川の感傷《かんしょう》である。宇田川に分はなかった。

「わかりました。自分は教育部門に戻ります」

岩尾の背中をすり抜けて、出口へ歩きかけた時、宇田川は奇妙なものを見た。

それはベッドの上で正座をしている峠正人が、膝《ひざ》の上に小さくつくったピースサインであった。

3　銀の車輪が回る

風見浦漁港に着いたのは正午を少し回ったころだった。

漁村特有のぎっしり立ち並んだ家並みがあった。似た風景の漁村を十四歳だった息子の和幸を連れて訪ねたことがある。

集落の脇には鳥居があり、子どもの遊ぶ公園があり、その裏山の中腹では御先祖様の墓石が海を見下ろしていた。今はささくれた過疎《かそ》の匂いが漂っているが、かつては魚や野菜が盛られた竹籠《たけかご》が行き来し、子どもが露地を駆け回って賑わっていただろう、と幸介は思った。

幸介は小さな漁船が十隻ほど係留《けいりゅう》された港の隅に車を止めた。すぐ近くに自然石を削り出した屋根つきの祠《ほこら》にエビス様が祀られていた。そこから沖に向かって、百メートルほど防波堤が伸びている。

海は青かった。R少年院から高速道路を小一時間走っただけで、これほど美しい海に出ることを幸介は初めて知った。転任してから三年になるが、R少年院の周辺から出ることもなく、あらためて考えれば「閉じこもって」いたのだ。単身赴任をしたために一緒に出かける家族もなく、収容過剰《しゅうようかじょう》で職員全体が息を切らすような少年院の職場事情もあって、私生活が縮こまっていた。

幸介は車のリアゲートを開き、妻から贈られた釣り具を取り出した。銀色に光る片軸リールを二メートルあまりのヘチ竿にセットする。押し入れの段ボール箱から久しぶりに引き出したくたくたのベストに袖を通し、国道沿いの釣り具店で仕入れたハリス、釣り針、ガン玉をベストのポケットにしまった。

餌の青イソメを買ったばかりの木箱に移した。竿を伸ばし、オレンジ色の道糸《みちいと》をガイドに通して、道糸とハリスをチチワでつないだ。チヌ針の一号をつけた。

針の結び方は忘れていなかった。最後に釣りをしたのは息子の和幸が中学二年の時だったから、七年前のことだ。万引きをして補導された息子に父親らしいことをしようと海に連れ出して、失敗したのだった。

「おれのこと知りもしないで、よく言うよ」

あれは千葉県勝浦の漁港だった。和幸は突然、釣り具を海に投げ捨ててそう叫んだ。

あの頃、幸介は自分を優れた法務教官だと信じ、自惚《うぬぼ》れていた。その自分が息子を育て損ないそうになって、慌てていた。仕事で覚えた、子どもを力で抑えつけながら型にはめていく手法を無自覚に自分の子どもで試そうとした。釣りは口実に過ぎず、自分の生き方を押しつけようとしたのだ。和幸はそれを見破っていた。

「五十歳の誕生日にどうして……、こんなに情けない思い出ばかりよみがえるのだろう」

そういえば、あの時から釣りに対する情熱が冷めたのだ。

そして父親としても法務教官としても自信を失ったまま、この土地へやってきた。

防波堤を先端に向かって歩いていくと、犬走りの上で四人の年寄りが並んで小アジを釣っていた。重そうな七メートルのグラス竿に、手元いっぱいのサビキ仕掛けを垂らし、竿先を海面すれすれに落とす。寄せ餌はアミという小さなエビだ。マアジの若魚がおもしろいように釣れている。

「釣れてますね」

「ぼちぼちじゃあ」

前歯の欠けた、日焼けした爺さんが呑気《のんき》な声で笑った。

サビキ仕掛けでアジを狙えば、五十尾くらいは釣れるかもしれないが、持ち帰っても一緒に食べる相手がいない。

「あんたは何を狙うちょるの？」

「はぁ、できればクロダイを……」

「たまには上がるが、それで釣るっかなぁ」

爺さんは幸介の道具立てを見て、首をかしげた。そこに隣の女性が口をはさんだ。

「クロダイっていうたら、ひと月前やったかな、峠の太志さんがよ。この波止の先で、五十（センチメートル）の上を釣りやったげな」

「あぁ、可哀想なことじゃ。息子があげなことしでかして、賠償金《ばいしょうきん》で沖に出る燃料代も無《ね》ぇちゅうて晩のおかずを釣りよったんじゃ」

幸介の心臓が高鳴った。

もちろん、事件を起こした峠正人の少年調査記録を見た時に、住所を見たからこそ、この港を選んだのだった。しかし、こうも赤裸々《せきらら》に峠の父親の噂話を聞くことになるとは、予想もしなかったのである。

それから風見浦の波止《はと》で二時間ほど過ごしたろうか。

深瀬幸介は竿先から視線をはずし、張り詰めていた息をゆっくりと吐いた。

水平線に目をやった。

うっすらとした雲が幾筋も空をななめに走り、凪《な》いだ海がゆったりと波打っている。

水は、水平線に向かって深々とした藍色《あいいろ》に変わっていく。かたむきはじめた陽光のせいだろうか、空の青も、海の藍色もあたたかさが増し、くっきりと濃くなった。

幸介が試しているのは落とし込みという釣りだ。防波堤の壁際を短い竿で狙う釣法《ちょうほう》を、特にヘチ釣りという。

　竿は二メートルをわずかに超えた長さ、リールは道糸を巻きとっておくだけの単純な構造だ。

　太さ〇・二ミリの先糸（ハリス）に釣り針を結び、餌をつける。一グラムほどの錘《おもり》を糸にはさみつけて、海に沈めていく。防波堤に近寄ってきた魚を、たったひとつの小さな餌でひきつけ、魚に喰いつかせようという素朴な釣りである。

　リールから糸を引き出し、針と餌を海に落とす。微妙に糸をゆるめたり張ったりしながら、海の奥へ罠《わな》を送り込む。

　肝心なのは餌が自然に落ちて行くこと、そして餌をくわえた魚の気配を糸の動きや竿先から素早く知ることだ。そのためには、糸やリールをあつかう手さばきを流れるようにこなすしかない。

　海面でたわんでいたオレンジ色の道糸が、仕掛けの重みでゆっくりと伸びていく。

　竿先をわずかにあげて糸を張る。手元に「コッ、コッ」と魚が餌をなめる感触が伝わってきた。

　糸をゆるめ、魚が針を呑み込む間をつくる。

　息を詰め、一秒待った。

　竿を軽くあおると魚の重みと抵抗が、糸を通してびくびく竿先に乗ってくる。

　釣れるのは狙っているクロダイではなく、ベラやカサゴといった小さな外道《げどう》なのだが、幸介はひとつひとつの手順を確かめながら、釣りを思い出していく。たどたどしく思い出していく時間そのものを、幸介は楽しんでいた。

　この波止に車で乗りつけた二時間前より、身体が軽くなった気がする。胸のなかにすがすがしい「からっぽ」が生まれ、心がしんと鎮まっている。

　二十数年前、幸介にこの釣りを教えたのは工藤という三十歳年上の法務教官だ。

あれは幸介が拝命して五年目の夏だった。勤務が終わった後、初めて工藤の官舎へ誘われて飲みに出かけた。

工藤は昭和初年の生まれで、戦後まもなく事務方として少年院に入ったが、少年たちに慕われる人柄を認められ、院長の薦めで法務教官となった。

「陸軍二等兵で満州を逃げまわった時に機銃掃射《きじゅうそうしゃ》でやられてなぁ、わし、この通り足を引きずる癖があるやろ。院長に法務教官になれ、言われた時には困ってな。少年が逃げても追いつけへんから、あきまへんいうて断ったんや。ほいだら、その時の院長がな。工藤さん、あんたの役目は逃げた少年を追いかけることやない。あんたの役目は、逃げよう思うてる少年を可愛がることや。少年があんたになついて逃げる気をなくすほうが、逃げるのを追いかけるよりなんぼかましや。汗かかんだけ得やがな。そう言わはった」

幸介が出会った頃、工藤は五十代半ばを過ぎたベテランだった。工藤に初めて会った頃、幸介は「締まりのないおっさんだ」と思った。

少年たちは陰で工藤を「じじい」と呼んでいた。時には面と向かって「じいさま」と呼ぶ者もいる。

すると工藤は「なんやねん？」と優しく問い返すのである。工藤が怒るとばかり思っていた少年は色を失ってドギマギしてしまう。しかたなく院内での暮らしの不満を並べてみるのだが、もう相手を試そうという邪心《じゃしん》は消え果てている。工藤はそんな少年をにこにこと眺めながら、「そうか、ほなら院長先生に頼んでみるわ。でも、わしはペェペェやからアテにせんといてぇ」といなしてしまう。

幸介はそんな工藤の様子をみて「なれあいだ」と内心、馬鹿にしていた。

拝命五年目の幸介は「少年を変える手法」に目を奪われている時期だった。法務教官になった以上、少年をなんとしても変えなければならないし、自分ならそれができる。そんな考えが頭を支配していたのである。

しかし暴力団上がりの立花《たちばな》という少年を受け持つようになって、幸介はたちまち行き詰まってしまった。

立花は少年院に入ったことを、悪の道で身を立てていくための修行とみなしていた。少年院の法務教官である幸介は、はじめから立花の仮想敵《かそうてき》であった。

相手が、幸介の働きかけをはねかえし、確固たる仁侠《にんきょう》のイメージを保ったまま少年院を通過することを目標としているのだから、思うようにならないのは当たり前である。無言で睨《にら》み合うような日々が続いていた。

ある日、幸介は立花の所持品のなかに直径五ミリほどの、小さなプラスチックの球を発見した。

当時、「女を喜ばせるため」と称して、剃刀のかけらを隠し持ち、ひそかに陰部を切開して埋め込む者がいた。立花が歯ブラシの柄の一部を切り取って、折りを見てはコンクリートにこすりつけ磨いていると、同室の少年が密告してきたのだった。

幸介が抜き打ちで所持品を検査してみると、球は筆箱のなかに無造作に転がっていた。

「これは何だね」

幸介は正座している立花に球をつまんで見せた。

暑い日の午後で、鉄格子《てつごうし》のはまった窓から突き刺すような陽光が差し、畳をあぶっていた。部屋は蒸《む》し風呂のように熱気が充満し、布団に染み着いた少年たちの汗の臭いが幸介の鼻をついた。

幸介の額からしきりに汗が落ちた。しかし、不思議なことに立花の身体からは一滴も汗が流れていないのだった。立花は正座をしたまま、顎をひいてまっすぐに幸介を見ている。

にやり、と不敵に笑った。

「俺の真珠《しんじゅ》です」

挑まれているのだ。幸介は直感的にそう理解した。もしかすると同室の少年は、立花に命じられてわざわざ幸介を訪ね、密告をしたのではないか。

あきらかな規則違反に直面させて、若い法務教官を試してやろうという立花の作戦に乗せられて、幸介は勢い込んで立花の所持品検査を行ってしまったようだった。しかし、笑って打ち切る勇気は幸介にはなかった。

「きさま、その態度はなんだ！」

声を荒げながら、幸介ははっきりと悟っていた。間違ったことをしているのだが、止まらない。幸介は正座している立花の肩をこづき、拳で殴りつけた。罠にはまった自分に腹を立てていたのだが、その時は気づかなかった。立花は立ち上がり、幸介と揉み合いになった。

互いに襟首《えりくび》をつかんで、押し引きするうち、立花はあっけなく飛んでいき、顔面を壁に打ちつけた。立花の鼻がつぶれ、おびただしい血が流れ出した時、幸介は自分が事故を起こしたことを知った。

非常ベルが鳴り響いた。

気がつくと、幸介は一方的に少年を殴った法務教官という立場に立たされていた。

規則違反の証拠である球は、いつのまにか部屋から消えていた。どんなに探してもみつからなかった。周囲の法務教官たちは立花に規則違反があったらしいことは認めてくれたが、指導に行き詰まった幸介が暴発したという見方もまた根強く残った。

工藤が幸介を誘ったのは、その事故のひと月ほど後のことで、幸介は居場所のない不安に耐えながら勤務を続けていたのだった。

「深瀬先生、あんた、見事に立花にはめられましたなぁ」

工藤は熱燗《あつかん》の日本酒をなめながら言った。市場の競《せ》り人《にん》のような独特のダミ声だった。

「おかげで立花はうんと居心地が良くなったはずや。深瀬先生のようになりとうないから、他の先生も立花にはおっかなびっくりや」

ははは、と笑って、工藤はランニングシャツから出ている肩をぴしゃりと打った。

木造平家建ての官舎は戦後すぐに建てられたもので、日焼けした畳はすりきれ波打っている。いくら網戸を閉めても窓枠が隙間だらけなのだから、蚊の出入りは自由自在だった。

真夏なのに熱燗を飲んでいるのは、安く酔えるからだというのが工藤の理屈だったが、汗をかきかき酒を飲むと、いっそう蚊が寄ってくる。ちゃぶ台にのった熱燗をはさんで、下着姿であぐらをかいた男二人が身体を掻《か》いたり蚊を追ったり忙しく飲んでいる。そんな二人に扇風機《せんぷうき》が首をふって風を送っていた。

「たぶん立花は球を呑み込んでしまったんでしょう。あんな小さな球を、揉み合っている最中に畳から拾いあげたなんて信じられません」

「おもろいなぁ。法務教官は自分で選んだ仕事やから、嫌気が差しても少年院におらなあかん。いくら先生が、自分の肩で世界を背負った気になっても、やっぱり仕事は仕事や。違うかな？」

「そうかもしれません」

「少年たちはああ見えても命がけや。ひとりひとりの法務教官をじっと観察して、自分の生きる道を必死で考えとるんや」

「面目ありません」

「ええ勉強やったと思うしかないなぁ」

工藤はぴしゃりと、また肩を打った。蚊がつぶれて浅黒い肌に血が散った。

「でもな、これだけは覚えとってや。わし、軍隊で毎日のように顔が曲がるほど殴られたよって、少年を殴ろうなんて金輪際《こんりんざい》思わんのやけどな」

工藤は酔いに赤らんだ顔でじっと幸介を見た。

「本心から怒って殴ることもあるやろ。それはええ。そやけど、いずれ法務教官という肩書きで殴るようになっていくのが人間や。叱る心が薄れて、こうやれば前はうまくいったと安易に殴るようになる。心がからっぽの拳で殴られた人間は、そのことを忘れへん。いつまでも憎まれる」

工藤の声は今もはっきりと耳に残っていた。

「心がからっぽの拳で殴られた人間は、そのことを忘れへん」

あの夏の事件があったからこそ、自分は法務教官として生き延びてきたのだ。

海をみつめながら、幸介はそう考えた。

あの夏、幸介は工藤から使い古しの竿を貰《もら》いうけて防波堤に立つようになった。

「ヘチ釣りは法務教官の仕事にぴったりや」

そう工藤は言った。

「道具が少なくて、用意も簡単なら撤収《てっしゅう》も簡単や。防波堤なら暇をみつけてサッと行って帰ってこれる。休みが少なく、事故があったらすぐに戻らなあかんおれたちにはヘチ釣りが合うとる」

その後、工藤は奇妙なことを口走った。

「ええか。魚の顔をよく見てくるんやで……。あんた、少年の顔を見過ぎているんや」

防波堤の上で、幸介はゆっくりと工藤の言葉を声に出してみた。五十歳になった今、二十数年前の工藤のなにげない言葉がふいに幸介の心に突き刺さってくる。

そうだ、たしかにそう言った。

あの時はそれとなく聞き流したが、あの言葉こそ工藤のもっとも言いたかったことなのではないか。

法務教官は、誰もが少年たちの過酷《かこく》な人生に突き当たり、立ちすくむ体験を持っている。少年院に生きる少年たちは自らの生を選ぶべくもなく、生い立ちから受けた傷を自分自身は知らずに生きていることが多い。

法務教官は多くの少年たちを見るうちに、いわば岡目八目《おかめはちもく》でその傷がぼんやりと見えてくる。

少年自身に自覚のないその傷に手当てをしようと、手を出してみたくなる。しかし、法務教官に見えているのは推定されたパターン認識であって、少年ひとりひとりのものとは違うものなのだ。

傷があり、その傷のために歪《ゆが》められた生育歴が少年の自我を形づくっているから、その傷を取り除いて新しい人生を始めるというのは、法務教官が考えるほど生易しいことではない。よほど幸運な巡り合わせがないかぎり、突っぱねられる。

少年と法務教官は、すれ違いを繰り返しながら、「少年院」という旅をしているのだ。

違いを認めることができなければ、法務教官は自分の仕事に倦《う》んで、疲れ果てるしかない。同じ少年院に、仕事で生きる自分と運命としてそこに生きる少年がいることに気づき、その違いに敗北する。

「その痛みから逃れようと、知らず知らずのうちに心に壁をつくってしまう。そして、少年ひとりひとりの顔が見えなくなる。いや、見なくなる」

幸介はふいに宇田川の顔を思い出した。

少年時代に交通事故を起こして死にかけたという宇田川は、法務教官になった今も、自分の魂に刻まれた傷をはっきりと自覚している。事故で見えなくなった白く光る左目こそが、その刻印《こくいん》だった。

「内面に葛藤をかかえて自滅しつづけてきた峠正人にとっては、今回の失敗は自分を変えるチャンスかもしれません」

そう宇田川は言った。法務教官でありながら、仲間である白石を殴った峠正人を褒《ほ》めてやりたいとまで言った。

宇田川にとっては、峠正人のような少年こそが自分の分身に見えているだろう。そう思えば、大学を出て法務教官の試験に通った白石の、少年に対するとまどいなど取るに足らないものに見えているに違いない。


そこまで考えた時、防波堤を踏む足音が近づいてくることに幸介は気がついた。

ふりむくと幸介よりいくらか若い中年の男が釣り具を持って立っている。投げ竿も撒き餌《まえ》の入ったバケツも餌がこびりつき、干からびている。大きなタモ網をたすきがけに背負っていた。黒長靴を履いたその姿と陽に焼けた顔が、遠くから車で遊びにきた人種ではないことを物語っていた。

「峠正人の父親だろうか?」

なにより幸介は、防波堤で会った年寄りたちに峠の父親が毎日釣りをしていると聞いた場所に立っているのだ。父親は息子の起こした事件の賠償金もしくは示談金《じだんきん》を支払うためにひどく困っているという噂だった。

「こんにちは」

幸介は挨拶をしてみたが、男は返事をしない。胡散臭《うさんくさ》そうな視線を隠そうともせずに、幸介の真新しい竿とリールを眺めた。

「なんか釣れたか?」

「小さなカサゴとベラばかりですね」

「青イソメをぶら下げとったら、ベラしか釣れんやろ」

男はすばやく幸介の釣りを見切ったようだった。幸介の隣に座り込むと、竿を伸ばし始めた。三十グラムほどの錘をつけた、ウキもなにもない「ぶっこみ釣り」の仕掛けだった。糸も針も太い。

男はバケツに手を入れると撒き餌をダンゴに丸め

始めた。

「潮が動き始めたけん、釣るっとはこれからじゃ」

幸介は腰をかがめて男の手元をみつめた。そして、耳元に声をかけた。

「峠太志さんですか？」

男の動きが止まった。都会の釣り人を侮《あなど》っていた傲慢《ごうまん》さが消えて、ひるんだ卑屈な目で幸介を見上げた。

「なんで、俺のことを……」

「R少年院から来たのです」

幸介は優しい声をつくった。あくまで非番の日に、職務とは違う目的で会っているのだ。

「正人くんは、こんないい海を見ながら育ったんですね」

防波堤の上であぐらをかいたまま、峠太志は幸介を見上げていた。幸介が自分の息子を収容している少年院の職員だと知って、ひどく驚いている。なにかを問いただされるとでも考えているのだろうか、いっぱいに見開かれた目のなかで、せわしく動き回る瞳が出口のない不安を示していた。

「仕事で来たわけではないんです」

幸介はさらにおだやかな声で言った。「釣りをしたくなりまして、この港におじゃましただけです……」

それでも父親ははじけるように立ち上がった。膝の上に乗せていた釣竿が音を立てて転がった。

直立不動の姿勢に、幸介の方が驚いた。大真面目ではあるが、痛々しいくらいに不自然である。

「この度は先生方にお世話をかけまして……」

「正人くんは元気にしていますよ」

「なんとかやれているでしょうか？」

「苦労もあるでしょうが、がんばっています」

とっさに微妙な言い回しをした。峠正人は若い法務教官を殴って単独室に入れられている。調査を受け、謹慎などの処分を受けることになるだろう。少年院を仮退院する日もいくらか延びるかもしれない。しかし、あくまで少年院のなかでの事故であり、今、父親に知らせるべきだとは思えなかった。事件を知ったとしても、この時点で父親にできることはない。

「座ってください。釣りをしながら話しましょう」

潮の動きにつられているのか、海風が吹きはじめた。防波堤に当たる波の音が大きくなり、海面がせりあがってきたのがはっきりとわかる。

峠太志はふたたび防波堤の上にあぐらをかき、撒き餌の入ったバケツから小さなビニール袋を取り出した。袋には親指ほどのシャコのようなものが入っている。

「それが餌ですか」

「ボケです。スナモグリと呼ぶところもあるそうですが」

尾のところから海津型《かいづがた》の針を刺し、腹に抜いて、針先を口に刺した。

「この餌は身がやわいけん、こうして口に刺して針から外れんようにしちゃるとです」

「なるほど」

幸介は感心しながら、あらためて峠太志の横顔をみつめた。陽に焼けたたくましい顔立ちだが、くっきりとした二重まぶたのナイーブそうな目を持っている。その目はたしかに峠正人のものと同じだった。

少年調査票の記述によれば、峠太志が結婚したのは十六年前のことである。当時、太志はマグロの近海はえなわ漁船に乗っており、寄港地で知り合った女性と結婚した。やがて正人が誕生したが、結婚から二年後に正人を残して母親は家出している。

「昔、マグロ漁船に乗っていらしたそうですね」

「そんなこともありました。バブルが弾ける前はマグロもええ値がついて、生マグロを狙って沖縄あたりに出ちょりました」

太志はバケツのなかの撒き餌を両手にとって、テニスボール大の団子を作り始めた。かためた団子に人差し指で穴をあけ、そこに針と餌を仕込み、再びかためる。仕掛けにウキはなく、針のひと尋《ひろ》（一・五メートル）上に三十グラムほどの中通し錘がついているだけだ。その仕掛けを二十メートルほど沖に投げ入れた。

「正人の母親とは糸満の飲み屋で知り合ったんです。私も若かったし、景気も良かったもんで、沖から戻れば配当《はいとう》の金で派手に遊び回りました。あの女も私も、そういう愉快な関係がいつまでも続くと勘違いしちょったんですね。結婚はしてみたものの、私は海に出っぱなしで、戻ればやっぱり飲み歩く。漁に出れば朝の四時に起きて、二千本の針がついたはえなわにひとつずつ餌のムロアジをつけて流す。夕方から流した仕掛けをひとつずつ引き上げて、かかったマグロと押し引きして釣り上げて、はらわたと鰓《えら》をとって氷水につけたら、また仕掛けをあげる。ひと晩にマグロが二十本も揚がれば真夜中の二時まで休む暇もなし。毎日がその繰り返しです。風呂にも入らず、酒も飲まず一週間。港に帰れば憂さを晴らすために飲みに出る。沖で辛抱した者しか、あの気持ちはわからんかもしれん。今思えば私も無責任でした。結局、あの女は正人を捨てて……」

幸介は海を眺めながら話を聞きつづけた。

妻に出奔《しゅっぽん》され、困りはてた峠太志は太志の両親が住むこの漁師町に峠正人をあずけることになった。正人は祖父母に育てられたのである。正人が中学に上がるまで、この親子は年に二、三度しか会う機会がなかった。

正人が中学二年の時に祖父が死んだ。それをきっかけに太志は船を降り、故郷であるこの港に戻ってきた。太志は祖父の残した小船で小漁師《こりょうし》をしながら祖母と正人と一緒に暮らすようになったが、正人と親子のつながりを確認することは難しかった。祖母を仲立ちにして、家族らしい関係をなんとか保っていたのである。

峠正人が、中学校時代の仲間と非行を犯すようになったのは、祖母の死がきっかけであった。太志との二人暮らしを嫌い、友人を頼って市内のアパートで寄生的な暮らしを始めた。生活費を調達するためにバイクを使ったひったくりを覚えた。

半年前、峠正人は三十代の女性が肩から提げていたバックを奪おうとして転倒させ、全治三カ月の怪我を負わせた強盗致傷の罪で警察に保護された。そして家庭裁判所の審判によって少年院に送られてきたのである。

竿をかたわらに置いたまま、峠太志はぽつりぽつりと話し続けた。竿先から出た道糸はゆるんだまま海面を漂っている。

幸介は峠正人が少年院を出た後の暮らしを考えていた。正人が少年院で精神的な成長を遂げたとしても、親子のかかわりが薄く、経済的に追い詰められたこの父親との関係を作り上げることができるだろうか。

少年院は矯正管区《きょうせいかんく》と呼ばれる数県をまたがる区域にまばらに設置されていて、少年を非行の深度や教育目的などによって分類し収容する。法務教官は、少年に集団生活の規律を教え、言葉使いを正し、グラウンドをともに駆け、仕事を教えながら、少年の世界観を変えようとする。

しかし、少年を変えると言いながら、法務教官は少年の住んでいた部屋の様子すら知らない。今、こうして防波堤の上で向き合っているように、ひとりの生活者として保護者を眺めたことすら、幸介にとって初めての体験である。

　また保護者から見れば、少年院という施設はずいぶんと頭《ず》の高い場所に見えているだろう。少年の保護者には自分の子どもをどこに入れるかという選択肢さえ与えられていない。それどころか親が与えることのできなかった価値観を刷り込んで、子どもを自立させようと目論《もくろ》むのだから、親と法務教官はライバル関係ですらある。

「俺たち法務教官は自分の庭に入った少年に熱心に目をかけ、働きかけをおこなう。だが、少年が俺たちの庭を出ていけば、あとは知らん顔をするしかないのだ」

　制度、予算、人材と理由を挙げていけば、いくらでも言い訳はできる。しかし、自分たちが少年たちに向かって働きかけた効果が、外の世界にまっすぐにつながっているかと問われれば、心が重くなってくる。

　そう考えるうち、幸介はこの防波堤を選んだことを悔やみはじめた。少年院の外の現実に触れれば触れるほど、法務教官の仕事が、無菌の実験室で抽象的《ちゅうしょうてき》な実験を繰り返している無用の研究のような気がしてくる。

　そのことを知っているからこそ、多くの法務教官は外の世界をあえて見ないようにしているのかもしれない。お上と統治《とうち》される民草《たみぐさ》という関係にあぐらをかいているふりをするほうが賢明なのかもしれないではないか。

「こんなことに今さら気がつくなんて、俺は大馬鹿者だ」

　幸介は防波堤の上でひそかにため息をついた。釣りを楽しむ気持ちもすでに萎《な》えてしまっていた。

　父親の竿には当たりの気配がないようだ。峠太志はまんじりともせずに、三十分ものあいだ海をみつめている。

「すみませんが、そろそろ帰ります」

幸介は太志に声をかけた。

「せっかく潮が良くなって、これからですが……」

「大物を釣ってください」

峠太志は立ち上がり、幸介にむかって馬鹿丁寧なお辞儀をした。

「この前の面会で正人にいらんことを言ったようで、気が咎めまして……。帰ったら正人に伝えてもらえませんか」

「ええ、なんと伝えれば……」

「被害者の慰謝料を払うために祖父ちゃんの船を売ると言うたが、ありゃ嘘じゃと。なんとか金の工面がついたから、少年院を出たら船はお前のものじゃと言うてやってください」

幸介は「あっ」と息を呑んだ。面会で、そういうやりとりがあったのだ。自分の罪のために、育ててくれた祖父の船が失われることを聞いて、峠正人の心が揺れ動いていたのだ。

「わざわざ様子を見にきていただき、本当にありがとうございました」

目に涙をためている。どうやら幸介がいろいろな事情を知って励ましに来たと誤解しているようだ。こそばゆい思いが湧いてきたが、否定できる雰囲気ではなかった。

「今度の事件は、みんな私が悪いんです。親らしいことをまったくしてこなかったせいで、子どもに罰《ばち》が当たったと周りの年寄りからも叱られています。正人の慰謝料を払うために、以前に世話になった親方に相談したら、またマグロ漁船に乗らないかと誘われまして……。配当は前ほど良くないと思うけど、今度は酒を飲まずに金を貯めます。高校に行きたければ行かせてやると正人に言ってやってください」

だらしない絶望的な父親だと決めつけて、幸介もまた暗い気持ちになっていたのだが、この人はこの人なりに海を見ながらあれこれと考えていたらしい。

幸介は狐《きつね》につままれたような気持ちで峠太志と握手をしていた。

4　キュウセンの味

官舎に帰り着いたのは午後七時を回った頃だった。駐車場に車を止め、釣り上げた魚の入ったクーラーを抱えて階段を上がった。

ところが玄関の錠《かぎ》にキーを差し込んで回してもノブが動かない。念のために反対に回すと開いた。施錠《せじょう》を忘れて出かけたのかと、いぶかしい思いで部屋に入った。

すると今度は台所から物音が聞こえてくる。

「誰かいるのか」

声をかけると、静かになった。

幸介はクーラーを玄関に置き、傘たてに挿してあったバットを持って奥に進んだ。

空き巣かもしれない。

忍び足で歩いた。

台所のドアを開けると、部屋の電気は消えていた。テーブルの上で、ゆらゆらと淡い光が揺れている。

幸介はぼんやりとそれをみつめた。

丸いケーキの上で、五本の蝋燭《ろうそく》が燃えていた。

「ハッピバースディツゥユー」

囁くような歌声が風呂場のほうから聞こえてきた時、幸介はやっとなにかを理解した。ドアが開いて、妻の陽子があらわれた。

「じゃーん、驚いた？」

「どうして……」

「今朝、電話で話した時、元気がなかったから……」

「わざわざ神奈川から飛行機で来るほどのことでもないだろう」

「ここまで来るのに苦労したわ。空港からこの町に来るリムジンバスが廃線になってたのね。逆方向のバスに乗って高速道路のバス停で降りて、予約したタクシーでＪＲの駅に向かって特急列車に乗り継いで……、少年院って不便な場所にばかりあるのよね」

「すまん」

「お互いに歳だもの。この先、誕生日を一緒にお祝いできる回数も限られてるわ。大切にしなきゃ」

ありがとうと言うべきだ、そう考えるのだが幸介はうまく言えなかった。当惑した表情のまま頭をかいてみせるのが精一杯だ。

「誕生日おめでとう」

陽子は幸介の手をとった。そっと握り返した。

「長い一日だった」

「魚釣りをしたの？」

「あぁ、小さな魚ばっかりだ」

「あら昔からそうだったじゃない。おかげで私は魚をさばくのが上手になったのよ」

「そうだった」

「小さな魚だって、横浜あたりじゃすごい値段なんだから。あなたの釣った魚で子どもたちが大きくなったって、今頃になって、見直してるのよ」

幸介は苦笑いした。ひさしぶりに肩の力が抜け、くつろいだ気分で笑った。

「お鍋の用意がしてあるの。誰かを呼ぶかもしれないと思って、材料は多めに揃えてあるわ」

「そうか。じゃあ、ろくなものを食ってないチョンガーを呼んでやろう」

「同じ寮のお仲間なの？」

「あぁ、ひとりは法務教官になったばかりのボンボン、もうひとりはなんというか……、宇宙人みたいなやつさ」

幸介は電話の子機をとりあげ、居間の壁にはりつけた連絡表のなかに宇田川と白石の電話番号を探した。

十分ほどして白石がやってきた。

白石は事件に関して、説教を食らうとでも思っているのだろう、仕方なしに来た、という態度がありありだった。居間に入って、食卓の料理を見ると意外そうな表情になった。

「今日は俺の誕生日なんだ。ま、緊張せずに飲めよ」

酒はあいかわらず日本酒の熱燗だ。白石はいかにも飲みなれない様子で猪口《ちょこ》を口に運んだ。

陽子は、さほど大きくもないベラやカサゴを苦心して刺身にし、丁寧に皿に並べていた。白石はおそるおそる刺身を口に入れ、眼を丸くした。

「すげぇうまいじゃないですかこれ。イセエビみたいな味がします」

「キュウセンベラだよ。ほとんどの釣り人が捨てるやつさ」

そこに遅れて宇田川がやってきた。目礼《もくれい》をすると、白石のとなりに黙って座った。

「僕はまた、てっきり峠正人の件でお話があるのかと……」

緊張した顔で白石は言う。

幸介は笑った。

「話をしてもしなくても、どっちでもいいさ。少年院ではいつも何かが起こってる。無理に解決しようと潮に逆らって泳げば、力尽きる。俺たちは溺《おぼ》れないように泳いでいけばいいんだ」

幸介がそうつぶやくと、白石はぽかんとした顔になった。なにかを感じたのだろう、宇田川は鋭い目で幸介をみつめた。

「今日、俺は法務教官としてやってはいけないことをしたんだ。峠正人の事件が気がかりで、記録に書いてある実家の近くへ行ってしまった。いい雰囲気の漁師町でな。防波堤で釣りをしていると、峠正人の父親がやってきた」

「話をしたんですか?」と白石が聞いた。

「あぁ」

宇田川は徳利《とっくり》を持ち、幸介に酒を注ぎながら、うれしそうに「大胆だな」と言った。

幸介は峠太志の語ったことを少しずつ話していった。

宇田川と白石は黙々と料理を食べ、酒を飲みながら話を聞いている。およそ誕生祝いとは程遠い酒宴《しゅえん》だが、かまうものかと幸介は思った。

陽子のつくった鍋を食べ、徳利五本を飲み終えた頃におおよその話が終わった。

「峠正人の父親はマグロ漁船の船主に前借りをして慰謝料を払ったんだろう。立派とは言えんが、なんとか父親の責任を果たしている。子どもの起こした事件の後始末ができない親もいる」

「そうか、その慰謝料を払うために船を売るという話は面会のときに聞いたことがあります。でもそれが祖父の船だとは思い当たりませんでした」

記憶をさぐるために渋面《しぶめん》をつくりながら、宇田川はそう言った。「峠正人は、鯛釣りの名人だった祖父を誇りにしています。船の上で昔話を聞きながら育ったようです。まさにその船……。その船なんですね」

幸介はうなずいた。

「祖父の小船は、峠正人が帰っていく故郷のシンボルだったんだ。それが自分の罪のせいで売り飛ばされると知って、本人は相当の衝撃《ショック》を受けたんじゃないだろうか」

「そうだと思います。そうでなければ、気の弱い峠正人があれほど暴発する理由がない」

その時、幸介と宇田川が交わすやりとりをみつめていた白石が、突然、あとずさりをした。

「すみません」

両手をつき、頭を下げた。

「峠正人が暴れたのは僕のせいなんです」

官舎の八畳間、土鍋の載ったちゃぶ台の前で、白石は土下座をしている。青白い、ほっそりした顔立ちで、もともと表情に乏しいところがあるから、どのような気持ちからその告白が出たものか、幸介には判断がつかなかった。

「どういう、いきさつがあったんだ?」

語気を尖《とが》らせないように気をつけながら、幸介は尋ねた。

「二週間前の火曜日、問題群別指導の時間でした」

「外部講師の山科《やましな》先生にお願いしている音楽療法の時間だな」

「授業の終わり頃、峠正人がトイレに立ちました。そこで私が付き添ったんです」

そのころ白石は体調がすぐれなかった。夜、なかなか寝つけず、朝になると胃が痛んだ。好きでもない酒を飲んで眠ろうとしたこともあったが、酔えば酔うほど、心配事が浮かんで眠れなくなってしまう。そのうちしつこい下痢に悩まされるようになっていた。峠と白石が二人で教室を離れたという日の二日前、寮の宿直になった白石は、夜のあいだ、何度もトイレに通ったのだという。

白石が語っている事件は、宿直の二日後に起きた。

峠正人を見守りながら廊下を歩いていくと、トイレの前で、峠正人が白石の顔をまじまじと見て、微笑んだ。

「先生、ぼくも下痢なんです」

いったいどういう心づもりでその言葉を吐いたのか。峠は同じ悩みを持つ仲間だとでも言いたかったのだろうか。もちろん白石はそうは受け取らなかった。

「峠の言った〝ぼくも〟の〝も〟という言葉に思わずカッとなってしまったんです。宿直の時に、私が何度もトイレに行ったことを当てこすっているのだ、と考えました」

その発言にもかかわらず、峠正人自身は小用だった。そのことが白石の猜疑心《さいぎしん》をいっそう深くした。白石は、小便器の前に立つ峠の後姿を見守っていたが、胸のなかで次第に怒りが膨《ふく》らんでくるのを抑《おさ》えきれなくなった。

峠がのそのそと後始末をしている尻《しり》に、思い切り右の爪先を蹴りつけた。白石にとっては、生まれて初めて人にふるった暴力らしい暴力であった。中学教師だった両親への気兼ねから優等生を演じつづけるため、喧嘩をしたこともなかったのである。

「私はひどく興奮していました。興奮で、周囲の景色がぐらぐら揺れていました。峠正人と殴り合いになるだろうと、心臓が激しく高鳴っていました」

窓から強い光が差し込んで、峠正人の姿は重い影の塊《かたまり》に見えた。峠は動かなかった。逆光《ぎゃっこう》のなかで、表情はまったくうかがえない。

「私は峠正人が殴りかかってくるのを待っていました。法務教官になって五カ月、その間、無理に抑え込んでいた自分をぶっこわしてしまいたい。そんな破壊衝動《はかいしょうどう》が湧き上がっていたんです」

しかし、殴り合いにはならなかった。峠正人は動かない影のまま、白石と向き合っている。ゆっくりと、その左手が、蹴り上げた尻をなでたかと思うと、その手を顔の前に回し、てのひらを静かにみつめている。今、自分の受けた暴力の痕跡《こんせき》が、ありありと掌《てのひら》に貼《は》りついていて、それをつぶさにみつめるとでもいうような気配だった。

「すみません」

影はそう言う。声の調子から怒りは感じられなかった。そこにあるのは、白石から見れば、ぞっとするような諦《あきら》めの気配。何百回も何千回も、自分の思いが通らないことを噛《か》みしめてきた者の、極小《ごくしょう》に縮んだ自我の姿だった。

「おい、殴り返せよ」

白石は低く抑えた声で影に呼びかけた。

「峠、お前はぼくが悪いと知っているんだろ」

それでも影は動かない。

「すみません」

まるで録音した音を再生したような、先と同じ声が、アンモニア臭の漂《ただよ》う箱のなかに響いた。その声の手ごたえのなさに、白石の膝は震《ふる》えた。自分の姿が、輪郭《りんかく》や色の薄れた白々とした露出《ろしゅつ》オーバーの写真に閉じ込められた気がした。

ふるえはなかなか止まらなかった。

「峠正人は黙って便所の外に出て、教室に戻りました。まるで何もなかったかのように、歌を歌っているのを見ながら、私は打ちのめされた気分でいっぱいでした」

そう語りながら座敷でうなだれている白石をみつめ、幸介はため息をついた。

「すると一旦は白石先生の暴力を黙って受け入れた峠正人が、一週間前の父親との面会の後、なんらかの心境の変化があって復讐をした、ということになるのかな」

白石の隣に座っている宇田川はあぐらをかいて、目を閉じている。

「宇田川先生は気づいていたんですか？」

幸介は尋ねてみた。

「その頃から白石先生の様子が変わったことは気がついていました」

さばさばとした口調で言う。

「一種の自滅ですね」

宇田川はある意味、残酷《ざんこく》な言い方をしたが、白石にとってはそう言われたほうが楽かも知れなかった。得体《えたい》の知れない感情が身体のなかで暴れるよりは、言葉にして外に出したほうが心の負担は減る。

白石はここ半月のあいだ心にしまいこんでいた秘密を吐き出したせいか、放心したような表情で畳をみつめている。

「まずはこの男を救い出さなければならない」と幸介は考えた。少年による職員暴行と見えた事件が、伏線《ふくせん》として職員による少年への暴行があったわけだから、白石自身も懲戒《ちょうかい》などの処分を受けるだろうし、峠正人の処分についても事情が斟酌《しんしゃく》されることになるだろう。しかし、せっかく法務教官となった人間が、目の前で潰れるのを見過ごすわけにはいかなかった。

「あんまり気に病むな。法務教官なら誰もが通る道だ」

安っぽい、陳腐《ちんぷ》な言葉だが、そういう言葉でなければ人を救えない場面がある。白石の肩がわずかに下がり、身体からいきんだ力が抜けるのを、幸介は見た。

「法務教官になってみて、これは自分に合わない仕事だと、すぐにわかりました。今どき、こんなに人間とベタベタくっついている仕事なんて他にありません。何カ月もの間、昼も夜も、同じ少年と顔を突きあわせて……。家族だって、もっと淡い薄い関係でいられるものじゃないですかぁ」

敵対関係ではないと感じたせいか、最後は甘えるような若者言葉になった。

「ベタベタが嫌か？」

「イヤです。仕事と私生活の区別がなさすぎます」

「そういう仕事なんだ。少年は、どこかに大切な荷物を積み残してきた貨車みたいなものだ。ところが、その荷物には荷札も伝票もなくて、貨車自身も何を積《つ》み損《そこ》ねたのかを知らない。立ち往生した貨車ばかりを集めて、俺たち法務教官はみつめている。そして、どんな荷物を積み損ねたのかを本人が思い出すのを待ってるのさ」

宇田川は幸介の言葉を聞きながら、ふいに微笑んだ。事故で見えなくなった白い瞳が遠くをみつめているように見えた。

「ぼくは少年院が好きです。ここは古くさくて、不器用な人間が集まる、時代遅れの場所です。ここ何十年かの間に、日本人がすっかり失ってしまった人間同士の取っ組みあいが、古い農具が打ち捨てられた倉庫みたいに残っている。ぼくら法務教官は、農家すら使い道を忘れてしまった唐箕《とうみ》とか千歯《せんば》こきが積み重なっている光景を呆然《ぼうぜん》とみつめながら、その使い道をあれこれ想像している相続人なんです」

それを聞いた白石は、すねるように唇を尖らせた。

「それで何の得になるんですか？　こんなに割りに合わない公務員、他にありませんよ」

宇田川はからかうような表情になって、日本酒をひと息に呑み干した。

「何の得にもならないことをやって給料をもらっているんだ。なんだか凄くないか？」

「そうは思いません」

「じゃあ、株屋にでもなれよ。遅くはない」

「意地悪は言わないでください」

白石はすっかり子どもの顔に戻っている。大人に甘え、駄々をこねる姿は、少年と変わらなかった。

白石は愛知県で教師を務める両親のもとで育っている。両親の望むままに教師になろうと、高校大学を過ごしたが教員採用試験に合格できなかった。たまたま受けた法務教官の採用試験に合格したことから、腰掛けのつもりで法務教官を拝命したと、アッケランと言う。

少年院の世界は、外の社会との文化的な落差が大きいから、予備知識を持ち、ある程度覚悟して法務教官になった者でもカルチャーショックに身悶《みもだ》えるのが普通だ。そう思えば、思春期の自我確立の修羅場《しゅらば》をのぞいたかさえ怪しい白石が、その壁にぶつかるのは当然の道筋だったろう。

「同じ法務教官として、白石先生の言うことは理解できる」幸介は言った。「しかし、あなたの行動で許されない点がひとつある。わかるか？」

「暴力をふるったことですか？」

「もちろんそうだが。俺も脛《すね》に同じ傷がある。そこではない」

「じゃあ、何でしょうか？」

「俺たち三人は同じ寮で働く仲間だ。寮のなかで峠正人がどんな存在か、知らないわけではないだろう」

「……」

白石は幸介が言おうとすることを察したようだった。ふいに黙って、甘えるような上目使いになった。

「俺に最後まで言わせるつもりか」

「峠正人は……、肉体的にも精神的にも、寮のなかで一番ひ弱な少年です」

「白石先生がしようとしたことは、仕事上のストレスを峠正人にぶちまけ、彼をスケープゴートにする結果を招いたんじゃないかな」

幸介がそう言うと、宇田川はすかさず合いの手を入れた。

「だから、峠に殴られたのは当たり前だよ」

白石は肩をすくめた。

「明日、峠正人の調査を担当している岩尾先生に話をする。院長からお目玉を食らうくらいのこと、覚悟しておけよ」

「はぁ」

「さぁ、飲みなおそう」

幸介は徳利をつかんだ。

手厳しく責められた反動だったのか、白石は日本酒をあおるように飲み続けた。

幸介も宇田川も、もう白石に干渉《かんしょう》しようとはしなかった。どのように手助けしても、最後の一線は自分で超えてもらわなければならない。他人が生まれ変わるわけにはいかないのだ。

酒に溺れるように酔いながら、白石が何を考えたのかはわからない。幸介と宇田川は、ただ隣りに座って黙って飲んだ。

やがて、白石は飲みながら盛んに欠伸《あくび》をした。杯を置く手がもつれて、食卓に酒がこぼれた。しきりに目をこすっていたかと思うと、仰向けにひっくり返って鼾《いびき》をかきはじめた。

「プライドが邪魔《じゃま》して、なかなか変われないだろうが……。林間学校に行ったくらいの効果はあったかな」

そんな幸介の言葉を聞いて、宇田川はうっすらと笑った。何も言わず、幸介に酌をした。

「正直に言うと、この少年院に来て、俺もくたびれていたんだ」

幸介は長い間、関東にある少年院で職業補導《しょくぎょうほどう》にかかわってきた。主にV1と呼ばれる職業訓練教育が組み込まれた施設で、少年たちに資格取得を指導することが多かったのである。

「少年たちに手に職をつける指導をしながら、夜は悩み事を聞いてやる。すべての少年を解決に導いてやることはできないが、頭を下げて日々の仕事をこなしていくと、ぽつりぽつりと希望が見えることもある。資格試験に合格しようと打ち込むうちに見違えるように前向きになる少年もいれば、少年院に隔離されたおかげで家族との関係を新しい目で見直す少年もいる。いわば教師の喜びを感じてしまうわけだ。わかるだろ？」

「わかります」

「ところが俺たちは、自分の職場に国家権力の尾骶骨《びていこつ》が残っていることを知っている。フェンスの高さ、壁の厚さがあらわす国家の横顔に、自分が守られていることを知っているんだ。知っていながら、どこか教師めいた自画像を求めている。この金網のフェンスのなかで、少年たちが生きる術《すべ》を掴《つか》もうとしたり、生きてきた道を辿《たど》りなおして大人に変わろうとする瞬間を見るとき、俺たち法務教官は、自分が国家の一部であることを忘れ、虹を見る。錯覚《さっかく》だと薄々は気づいていても、オレは確かにこの目で見た、と言い張ることになる」

「法務教官の多くは、その喜びに支えられていると、私も考えています」

妻の陽子が台所から座敷《ざしき》に入ってきた。やりとりを聞いて、興味を持ったに違いなかった。

「ところが、はるかに手間ひまがかかる少年たちがいるこの施設にやってきて、俺の二十数年の思い込みは見事に崩れた。ずっと、ふてくされていたんだ。……。だが、今はわかる。これまで俺の法務教官としての手腕が少年たちを変えるのだと考えていたが、それは違う。今まで会った少年たちは、自分で変わって行ったのだ。少年たちが蛹《さなぎ》から蝶《ちょう》へ変わる瞬間に立ち会わせてもらった喜びを、俺は勝手にブリキの勲章《くんしょう》に仕立てて、自己実現《じこじつげん》の物差しに使っていた。それは二重の自己欺瞞《じこぎまん》だった。法務教官・深瀬幸介はすごい人間だという嘘と、優れた法務教官に会える少年は幸せなのだという嘘によって、俺は自分の人生を誤魔化《ごまか》してきたわけだ」

五十歳の誕生日が終わるまで、残り一時間もない。宇田川も陽子も何も答えなかった。白石の無邪気な鼾の音だけが聞こえている。

少年院という組織のなかには、その歴史のなかで定着してきた大きな意識の流れがある。その大河《たいが》の支流からは、それぞれの少年院の法務教官たちが失敗や成功から学んできた感情と教訓が流れ込んでいる。そこには少年が立ち直ったことに対する喜び、逃走や暴行などの事件が起こった時の恐怖、少年に賭ける望みと成果のくい違いからくる失望、組織に対する現場職員の諦めといったものが含まれているだろう。その濁《にご》った大河は、法務教官それぞれの思いを秘めた視線が交錯する混沌《こんとん》そのものだ。

その混沌のなかに、幸介は浮かんでいる。つかまっているのは、もがいているうちに手に触れた板切れだ。その板切れには、これまで出会った少年たちとの記憶がおぼつかない筆さばきでメモされている。喜び、自意識過剰《じいしきかじょう》の思い込み、痛み。それ以外に身を救うものはない。

今、そういう自分の姿が、幸介にはハッキリ見えた。

「ありがとう。……この言葉は、俺が、少年に向かって言うべき言葉だったんだ。俺こそが少年たちに救われながら、ここまで流れてきたんだ。それなのに……」

幸介の目から涙がこぼれた。

職場の同僚にも、妻にも見せたことのない涙だった。

後悔の涙ではなかった。

幸介もまた白石と同じように、法務教官の仕事は実りの少ない、地味な、社会の底辺を支える汚れ仕事だと思い込んできたのである。だから自分を支える勲章が必要だった。

ところが、今、法務教官として生きてきた二十数年の歳月のなかから、心のうちに少年たちの顔が次々と現われてくる。この仕事によって自分は、少年たちから祝福されつづけていたのだ。だからこそ、ここまで生きてきた。そのことに気づいた喜びが、この強面《こわもて》で少年たちを操縦《そうじゅう》してきた男の身体のなかを駆け回って、ゆさぶりつづけている。

「誕生日、おめでとうございます」

宇田川は言った。

「自分も深瀬さんの歳まで、法務教官を続けてみようと思います」
深瀬幸介の長い休日が終わろうとしていた。

5　純白のハンカチ

峠正人が単独室に入って三日目の朝、深瀬幸介は少年の部屋を訪ねた。

少年院では午前六時半に起床して、七時から食事をとる。幸介が訪ねたのは朝食後の自由時間で、峠はベッドの上に足を伸ばし、上体を枕にあずけて休んでいた。廊下側の食器孔《しょっきこう》（注　食事を出し入れする小さな扉）の棚には食べ終わった食器が置いてある。残さず食べた様子だ。

「おはよう」

「おはようございます」

声をかけると、峠正人は落ち着いた様子で正座をし、幸介にまっすぐ顔を向けた。

「どうだ？　よく眠れたか」

峠はうなずいた。

「昨日、岩尾先生にしぼられたんじゃないか？」

幸介は岩尾の凍りついたような無表情と鋭い視線を思い出していた。

ところが峠は肩をすくめて、くすぐったそうに笑う。

「いえ。そうでもありませんでした」

そのあまりに屈託《くったく》のない笑顔に拍子ぬけする。では、昨日岩尾と交わした会話はどんなものだったのだろう。

「昨夜も死んだジイちゃんとバァちゃんの夢を見ました」

「そうか。話でもしたか？」

「いえ。ジイちゃんとバァちゃんは盆踊りの太鼓の上に浮かんで、にこにこ笑っていました」

幸介は夢の意味を測りかねたまま、少年の顔をみつめた。曇りのない、ひどく穏やかな顔だ。

「ふーん。おじいさんもおばぁさんも喜んでいるのかな？」

「はい。そう思います」

幸介は、峠正人の何の抵抗も重さもない素直さにかすかな不安を感じる。

単独室とは、率直に言うならば、ベッドと勉強机とトイレのついた、やや贅沢《ぜいたく》な檻《おり》である。法務教官の立場から見れば、単独室はある少年を他の少年たちから引き離して自己をみつめさせるための教育装置であり、ひとりの少年の乱調が他の少年たちに影響することを防ぐ安全装置でもあるが、それぞれの少年にとっては単独室のとらえ方にいろいろな違いがある。

集団生活に辟易《へきえき》している繊細《せんさい》な少年にすれば、単独室が砂漠のオアシスのように清澄《せいちょう》な個室と見えることもあるし、一刻も早く少年院を脱出したい少年から見れば仮退院が引き伸ばされる懲罰房《ちょうばつぼう》そのものに見えることもあるだろう。

今、単独室に入れられていることが、峠正人の心にどのような好悪の感情を持たせているか、幸介は、それを感じようとしていた。峠の顔色を見るかぎり、自分に対する職員の扱い方に不満を感じている、という様子は見えない。

前夜に白石から聞いたいきさつを思い浮かべた。峠正人は三日前に白石を殴った規則違反のために単独室に入れられているのだが、そのさらに二週間前、被害者である白石自身が、院内のトイレで峠に対する暴行をふるったというのである。

ところが峠正人は職員に暴行を受けた事実を、いまだ誰にも語っていない。職員による暴行が事実だとすると、峠本人の起こした暴行事件から情状が差し引かれてゼロになるということはないにせよ、峠に対する職員の当たりが弱くなることは確かだろう。自己主張が強く、目端《めはし》のきく少年であれば、自分が起こした事件そのものを白石に責任転嫁して罪を逃れようとするかもしれない。

だがこの少年は、なぜか沈黙を守っている。白石に蹴られたことが、少年本人と職員とのやりとりに影響を与えること、とりわけ自分に有利になる材料であることに気がつかないのだろうか？

幸介には、峠正人の心が読めなかった。

峠にそういう人間関係を推《お》し量《はか》る能力が欠落しているのだとすれば、なおさら彼がこの事件で不利益をこうむるという結末にはしたくない。少年の弱さに乗じて事件を曖昧《あいまい》にし、身内をかばったという形になるのが恐ろしかった。しかし、少年をかばいすぎれば、逆に新人の法務教官である白石を追いつめる結果になってしまう。

幸介は単独寮を出て、渡り廊下を第二学寮に向かった。食堂に立っている宇田川に声をかけ、職員の宿直室に呼び込んだ。

「峠正人の様子を見たか？」

「はい。いつになくゴキゲンでしたね」

「そうだろう。夢のなかで祖父母に会ったと喜んでいた。単独室に入れられているというのに、なんだかサッパリした顔をして、どうも気に入らないなぁ」

幸介は他の少年たちに聞こえぬよう声を潜《ひそ》めながら、正直につぶやいた。

「夢で祖父母に会ったと、彼が言ったのですか」

「あぁ、盆踊りの太鼓の上で、祖父母が笑っていたんだとさ」

「そんなことを……」宇田川は腕組みをして難しい顔になった。

「盆踊りか」

「なにか心当たりがあるのか？」

宇田川はふくみのある目つきで肯いた。

「ひと月半ほど前でしょうか、峠正人が八月十五日の盂蘭盆《うらぼん》に一日だけ家に帰りたいと言ったことがあるんです」

「なんのために？」

「峠の祖母は昨年亡くなっていますから、今年は初盆だと言うのです」

「そのために家に帰りたいと？」

「なんでも、峠の住むあたりは、地域の人たちが初盆の家の庭で盆踊りを踊る風習があるらしいんです。初盆の家は、踊りに集まった人たちに世話を焼かなければならないらしい。父親ひとりではとても務《つと》まらないから自分も手伝いたいというのです。そうしないと、死んだ祖母がかわいそうだと」

もちろん宇田川は峠の申し出を受けつけなかった。むしろ、そういう大切な時期にバイクによるひったくりを犯し、少年院に入らなければならない状況を招いた自分の罪を自覚するようやんわりと指導したのだという。

「少年院に入ったばかりの峠を家に帰すわけにはいかないのですから、自分もその時は仕方ないと思いました。ただ、その一件が気になっていたので、非番の日にこの近くの町で盆踊りがあると聞いて見に行ってみたんです。太鼓の打ち手と歌い手がひと組になって、口説《くど》きと呼ばれる歌をえんえんと歌っていました。民家の庭に櫓《やぐら》を組んで、提灯《ちょうちん》を差し渡し、口説きに合わせて踊る二百人ばかりの人々が庭をぎっしりと埋めている。すごい熱気なんです。そして休みなく何時間も踊っています。素朴な河内音頭《かわちおんど》という風で、何とも魅力的で、六拍子などいくつかのリズムがあって、それに合わせて踊りも変わっていきます。踊っている人すべてに、家の人たちが団扇《うちわ》を配り、タオルを配り、ビールを配る。蕩尽《とうじん》というか、大盤振《おおばんぶ》る舞《ま》いなんです。これが死者の供養だとしたら、なんとも賑やかで、おもしろいものだと思いました。三十年ほど前までは、一晩中踊り明かすのが普通だったそうです」

「地域のつながりが、そういう風に残っているわけか」

「おもしろかったのは先祖供養とか祭りとか宴会とか社交とか、いろんな要素が盆踊りのなかに詰まっている。その様子を見て、自分はちょっと見方が変わったんです。少年院に収容されてはいるけれど、峠正人は自分の家の盆踊りに出るべきだったのかも知れない。なぜなら、ある家が死者を出して、盆踊りの主催者になるというのは、一生に何度かしかないわけです。その機会に地域の人とつきあうということは、地域と峠正人の絆にとって、かなり大きな意味を持っている。地域というものは、そういう生活の記憶に支えられて、互いの存在を認め合うものですから」

宇田川の言うことは理解できた。もしも、少年たちが住む土地に古い共同体の形が残っているとすれば、そこで生産や芸能の喜びを周囲の人々と分かち合うシステムが健全に機能して、少しぐらいボンヤリした少年にもそれなりの役目と地位を与え、人生を包みこむように大人に育ててくれる地域力というものがあるかもしれない。

峠正人という少年は、手のつけられない非行少年というよりも、自分の周囲にあるすべての色に染まる無抵抗な白いハンカチであった。バイク盗も、同居していた同級生に教えられるままに実行したものであり、自分の野心らしきものは見えない。警察に保護され、鑑別所に送致され、少年院に入院してからの生活も楽々と適応《てきおう》して、そう苦にならない様子なのである。

新人法務教官の白石が、暴力をふるう相手に峠を選んでしまったのは、そういう峠の個性の乏《とぼ》しさを、ふてぶてしさと読み違えた可能性があった。

幸介は、峠正人の故郷である風見浦の集落を思い出した。色褪《いろあ》せた瓦屋根の載った小さな屋根がぎっしりと立ち並ぶ漁師町の狭い路地《ろじ》を、釣竿を手に歩いていく年寄りたちが見えた。

あの老人たちなら昔の暮らしを覚えているだろう。集落の人すべての目が一途《いちず》に海に向けられて、海から湧いた幸《さち》に集落全体が歓喜に震えるような時代があったはずだ。それは幸福というものとはほど遠くて、一年の大半が貧しさとの闘いだったはずである。海は人から見れば気まぐれで、天気の見立てをしくじっただけで漁師の生命を呑み込む恐ろしい天然《てんねん》であり、天然の運行にしたがって鰯《いわし》や飛魚《とびうお》やイカの大群が海辺に殺到《さっとう》する。集落の人々は海の動きを観察し、予測し、適応することで生きながらえていたわけで、人間というよりは海の一部として生きていたに違いなかった。人間の集団そのものも天然の一部で、浜辺を横歩きするカニの群れと変わりない存在だったのである。

仮に、そうした生き方に峠正人を置いてみれば、ピッタリとはまる性格なのかも知れなかった。そういう性格の少年が、たまたま悪い生活習慣を持つ人間のそばに吸い寄せられれば悪に順応する。宇田川の言う盆踊りの世界に組み込まれてしまえば、素直に頭を下げて生きていくのだろう。

「二歳の時から父母に捨てられ、祖父母に育てられたせいでしょうか。峠正人はよく躾《しつ》けられているんです。正座をして手をつく仕草など、実に自然で立派です。挨拶もできる。でも、今の世の中にぽつんと置いてみると、峠のような少年が評価されるかというと違ってくる。小さな共同体で円滑《えんかつ》に生きるために身につけた性格が、今の社会化されていない少年たちのなかに混じりあった時、どちらかというと弱みになる。相手の出方を見たり、自分を抑える洗練《せんれん》された性格が、同年代との関係のなかで個の弱さとして現われているような気がするんです」

　宇田川は話を区切ると、少し唇を尖《とが》らせて沈黙した。迷っているようにも見えた。

「峠が祖父母からもらったやわらかい社交的なスキルが、遊び仲間と時間を過ごす時に裏目に出て、巻き込まれるような形でひったくり盗につながってしまったんだと自分は考えているんです。もちろん本人に基礎的な判断力や自信が欠けているからこそ、そういう働きかけを跳《は》ね返《かえ》せないわけです。それでも、彼のノホホンとした性格が悪いのかと言われれば、悪いとは思えないんです」

　幸介はうなずいた。

「峠正人をかわいいと思っている職員はけっこういるだろう。どこか儚《はかな》げで、影みたいなところがあるからな」

「ですから、峠が人間として生きていくために必要な技術とか知識とか、そういうものは少年院で教育できると自分も考えます。しかし、あの性格を改善する必要があるんだろうかと考えてしまう。周囲の少年が、手前勝手で幼児っぽい自我を発散《はっさん》しているからといって、そういうガサツさに無理に適応させるのは、罪深い気がするんです」

「個別担任としては、なかなか悩みどころだな」

　そこへノックの音がして、白石が入ってきた。朝のミーティングの時間になっていたのである。

「おはようございます」

　白石の顔はいつになく明るい。いつもの、白くのっぺりした無表情はなく、赤みの差した頬がやわらかくゆるんでいる。

「深瀬先生、夕べはごちそうになりました」

「なんだい。やけに元気じゃないか。ひきこもりにでもなるんじゃないかと、心配していたぞ」

　幸介は毒のある軽口《かるくち》を浴びせたのだが、白石はなんでもないとでも言いたげに胸を張っている。

「今、峠正人のところで顔を見てきたんです」畳の上に突っ立ったまま二人を見下ろし、白石は無邪気《むじゃき》に笑った。

「彼は素直に謝ってくれましたよ」

「峠正人は白石先生に何て言いましたか？」

「私が単独室の前に立つと、彼が正座をしたんです」

白石は静かに畳に座った。身体をていねいに折りたたんで、三つ指をついた。どうやら峠正人の仕草を真似ているらしい。

「先生、この間はすみませんでした。おかげでひとりきりになって、ずっとバァちゃんのことを考えていました。嬉しかったです」

幸介と宇田川は、顔を見合わせた。事件を合理的に解決しようと組み立てかけた枠組《わくぐ》みに水を差すといおうか、まったく的外れなところで、モノゴトが動いている感じがした。

「やれやれ」幸介は苦笑した。

「まるで天使じゃないか」宇田川は、そういうとため息をついた。

白石は二人の考えていることがわからないらしい。白石は峠に許されることで事件が終わったかのような気分を持っているようだが、白石が少年院という組織のなかで収容者に暴力をふるったことも、峠正人が職員に暴力をふるったことも何ひとつ決着はついていないのである。

問題は少年院という組織のなかで、どういう決着をつければ峠正人の成長に役立ち、少年院の秩序《ちつじょ》を回復するかなのである。

「こういうのはどうかな」幸介は言った。「私はこれから企画担当の岩尾先生のところへ行って。事件の背景を説明する。もちろん白石先生の事故も率直に報告させてもらう。いいね」

白石は硬い表情でうなずいた。昨日、酒を飲んで話したことが役に立っているのか、これまでよりもストレートに言葉が届く感じがした。

「処分によって峠正人の仮退院が長引くことになったとしても、処分も収容延長も最小になるよう努力してみたい」

宇田川が頭を下げて「お願いします」と言った。

「問題は峠正人が、白石先生に受けた暴行を誰にも語っていないことだ。私は調査が進まないうちに本人に確認を取るべきだと考えていたのだが、今朝の様子を見ているうちに考えが変わってきた。峠正人にとっては、白石先生に蹴られた事実を、他の人間関係に持ち出して自分の立場を操作するという考えそのものがないのだと思う。起こったことは黙って受け入れるという態度のようだ」

「そう思います」宇田川はすかさず答えた。

「組織の問題としては白石先生のしたことを隠したり、ごまかしたりすることはできない。やはり上に叱られることは覚悟してもらわなければならない。しかし、そのことは峠正人に知らせなくてもいいのではないだろうか。二人の間に起こったことを心のなかでどう処理するかという問題は、これから仮退院までに宇田川先生が個別担任として面接や話し合いを通じて、峠正人に働きかける。いい機会があれば言葉にしてもいいし、彼がそのことに触れずに立ち直っていけるならあえて踏み込まない」

宇田川は黙って肯いた。

幸介は神妙《しんみょう》に正座している白石を見た。

「白石先生は、加害者としての自覚を忘れずに峠正人と接して欲しい。謝るとか、優しくするという表面的なことではなくて、彼が仮退院する日まで、法務教官と少年の関係とは何かを考え続け、悩んで欲しいんだ」

白石は顔を上げた。

「はい。それでいいっス」

宇田川は苦笑した。

「馬鹿、いいっスじゃないだろう」

「すみません」

白石は子どもっぽい表情で舌を出すと、つるりと顔を撫でた。


その日、幸介の昼飯は三年ぶりの愛妻弁当《あいさいべんとう》であった。

「おっ、弁当なんて珍しいじゃないか」

通りかかった首席専門官の遠山《とおやま》が甲高い声をかけた。首席専門官は、院長、次長に次ぐ少年院のナンバー3で、教育部門の現場責任者だ。

「昨日からちょっと妻が神奈川から来ていまして……」

「はぁーっ」と首席はわざとらしく驚いて見せる。

遠山は仕事を離れると根っから陽気な人柄である。

「四年も離れていれば、新婚と同じだよ。うらやましいね」

「いえ、そういうのではないのです」

「そういうのではないとは、どういうのでないの？」

「つまり、その呼んだわけではなくて、勝手に……」

「奥さんが追っかけて来たの？　そういのを若い人の言葉でラブラブって言うんだよ」

普段は誰と話すでもなくサンドイッチをぱくつくのだが、弁当のおかげで、教育部門に珍しく笑いが広がった。悪い空気ではなかった。

「今夜は陽子をどこかに連れ出そう」

好物の、あぶった明太子《めんたいこ》をかじりながら、幸介はそう考えてみた。妻の陽子は三年前に引越しの手伝いに来ただけで、これまでR県の観光地ひとつ訪ねたこともないのだ。

陽子はあと一晩だけ泊まるという。少年院から車で三十分ほどの県庁所在地まで行けば、それなりのレストランもある。幸介は、矯正管区主催の会合で講演者の接遇《せつぐう》を任された時に使ったホテルの展望レストランを思い出した。地上二十階からの夜景が見事だった。たしか名前のややこしいフランス料理ばかりで、幸介自身は味も覚えていないが、女性には楽しい場所なのだろう。

「たまには贅沢なものを食べさせてやろう」

二人きりの食事など、おそらく十数年ぶりである。

昼の全体集会が終わり、中庭では各寮の少年たちが大きな掛け声を上げて行進をはじめた。幸介は隊列の後ろに立ち、後ろ手を組んで少年たちをみつめていた。

発達障害《はったつしょうがい》と診断された田代という少年がいつになくウキウキした表情で手足を振っている。

「あの子、今日は舞い上がってるなぁ」

そう考えながら表情を追う。

田代は気分が高揚《こうよう》するとひっきりなしに教官に質問する癖があった。教官が話している内容全体でなく、言葉の小さな欠片《かけら》に耳を澄ませていて、単語の意味をしきりに質問したり、言葉の連想《れんそう》によってひとりだけ馬鹿ウケし、大声で笑ったりするのである。そんな風に大人に対してずけずけと口をきくのだが、いざ手足を動かして作業をやらせようとすると、ふいに押し黙って暗い顔になってしまう。そして「できません」と訴《うった》える。気分の上がり下がりが激しい。

二十人の少年に教えようと始めた授業が、終わってみると田代ひとりに振り回されていた、という経験が幸介にも何度かあった。

運動会が近づき、運動会用のパネル作りが始まっている。幸介が主任を務める第二学寮では宇田川秀造が中心になってアニメの主人公を描いたパネル作りを指導していた。

「田代のあの様子では、宇田川や白石も苦労するだろう」

午後は、下絵をもとにパネルに巨大な絵を描いていく作業をするはずである。田代のおしゃべりにつきあいながら、残りの生徒にかなり緻密《ちみつ》な作業をさせなければならない。この少年院には、豊富な成功体験を持つ少年はまずいないから、ひとりひとりに作業を細かく教えながら、声をかけ、励ましてやらなければ作業は進まない。ペンキ缶や刷毛《はけ》を持ってボンヤリと突っ立っている少年たちの間を飛び回る宇田川や白石の姿が、幸介の脳裏《のうり》に鮮やかに浮かんできた。

前向きに処遇に向き合ってもらおうと、少年の奥底でくすぶっている熾《お》き火《び》を燃え上がらせるため、法務教官はひたむきに心の熱量を使う。そして、そのために消耗したエネルギーの充填《じゅうてん》方法がとりわけ難しいのだ。

そんな感慨にふけっている時だった。調査担当の岩尾浩二が幸介に声をかけてきた。

「深瀬先生、ちょっとよろしいですか？」

振り向いた幸介は驚いた。昨日の朝に会った時の、冷たい刃《やいば》のような岩尾の表情が一変していたからだ。その視線からは、受刑者に「紋次郎」と呼ばれ煙《けむ》たがれていたという強面刑務官《こわもてけいむかん》の鋭さが消え、戸惑《とまど》いに瞳が揺れていた。

「ご苦労さまです。峠正人の調査はいかがでしたか？」

幸介が問いかけると、岩尾の表情がいっそう曇った。

「それが……、やはり叱り飛ばすというわけにはいきませんでした」

岩尾は尾を垂れた犬のように情けない表情になった。あれほど強気だった男がたった一日のうちにこうまで変わるものだろうか？　なにか想定外の出来事があったに違いない。

「ちょっと仕事場では話しにくくて……」

岩尾は声を潜めた。

「今夜、官舎にお邪魔していいですか？」

幸介の脳裏に陽子との計画が浮かんで、チクリと胸が痛んだ。しかし、岩尾の切羽詰《せっぱつま》った様子を見ると、断るわけにはいかない。峠正人のことで、よほどデリケートな問題が起こったのだろう。陽子にはまだ食事の約束をしていなかった。幸介は心のなかで陽子に向かって手を合わせた。

「当事者の白石も同席させてよろしいですか？」

「ええ、しかたありません」

峠正人の個別担任である宇田川は、今夜の当直だから呼ぶことはできない。

「何時頃に？」幸介は尋ねた。

「では食事の終わった八時頃にうかがってよろしいでしょうか？」

そう言われて気がついた。岩尾も単身赴任者なのである。おそらくろくな物は食べていないのだ。

「今、私の妻が来ているんです。せっかくですから、晩飯も御一緒しませんか？」

岩尾は切れ長のまぶたを、目じりが裂《さ》けるのではないかと心配になるくらいにいっぱいに見開いた。幸介の申し出が信じられないという顔だ。

「それはいけません！」

声の色から喜んでいることがありありとわかる。

「昨夜も峠正人の処遇をめぐって、いろいろとやりあったんです。ま、女房がいる間だけのことですから、遠慮なく」

「では七時に。なにか酒の肴を持っていきます」

幸介は庶務課と体育館の間にある喫煙所に出かけて、携帯電話で自分の官舎に電話をかけた。自分の部屋に電話をかける機会などないから、番号をすっかり忘れていて、庶務課の職員に聞かねばならなかった。

「もしもし、深瀬です」

陽子の弾んだ声が携帯電話の向こうから返ってきた。

「俺だけど」

「あら、どうしたの？」

「うん、連日で申し訳ないんだが……」

深瀬は言いよどむ。

陽子はすかさず笑った。

「いいわよ、何人前？　もう鍋は飽きたわね」

「せっかく来てくれたのに、すまん」

「あら、馬鹿にしてるのね。こう見えても、法務教官の妻だってこと忘れたことはないわよ」

　その日は夕焼けの美しい日だった。Ｒ少年院の周囲は険しい山がなく、田園地帯から干潟《ひがた》の海につづくなだらかな地形のため、空がひどく大きい。

　仕事の終わる頃に単独室をのぞいてみると、峠正人は勉強机に座ったまま、熟柿《じゅくし》のように赤まった夕陽が傾くのを眺めていた。幸介は少年に声をかけないまま、単独寮を退出し、官舎に戻った。建物の外に出ると、それまで感じたことのない冷気が、宵闇《よいやみ》とともに幸介の体を包みこんだ。この土地にも、冬になると思いがけない寒さがやってくることを、幸介は思い出していた。

　岩尾浩二は午後七時のニュースが始まる直前、幸介が天気予報を眺めている頃にやってきた。陽子に案内され、座敷の席に座ると、ぴったりと時報が鳴った。あまりの時間の正確さに、幸介は苦笑いする。

　白石は呑気な様子で十分遅れてやってきたが、岩尾に気がつくと直立不動になり、遅れた詫びをモソモソと言った。白石のような若者でも、岩尾のような人物には緊張するらしい。

「連日で呼びつけてすまないな」

幸介は白石にそう声をかけたが、白石は負担に感じているわけでもなさそうだ。座敷にあぐらをかくと、食卓に載ったおひたし、冷奴、ぶり大根、がめ煮といった皿を嬉しそうに眺めた。

「うわぁ、すげぇなぁ。奥さん、ずっと官舎《ここ》にいるといいスね」

どうやら料理を楽しみに来たらしい。乾杯の杯を空けるのもそこそこに、ぶり大根を物凄い勢いでたいらげると、おかわりをしていいかと聞いた。

「みんなありあわせというか、近くのスーパーで安い食材を選んでつくったものばかりですよ。ごめんね、ご馳走《ちそう》じゃなくて」

ぶり大根のおかわりを運んできた陽子がそう笑うと、白石はひどく真剣な顔で「そんなことありません。すごいご馳走です」と言った。

「うちは両親が教師だったので、子どもの頃、母親の手料理なんてほとんど食べたことないんです。週末はいつも車に乗ってレストランでスパゲティとかハンバーグとか食べて……。はじめは喜んでいたけど、中学の頃にはそういうのにムカつくようになって……。レストランで仲のいい親子を演じていたけど、結局、父も母も仕事で精力を使い果たしていて、僕の前では休んでいただけなんだなぁって、今になって思うんです」

幸介は白石の肉声を初めて聞いた気がした。

「俺はさ、こんな坊ちゃんとは違うね」と岩尾が口を開いた。

「俺の親父は下町の旋盤工《せんばんこう》だからね。俺は五人兄弟の三番目で、おふくろの作る料理は手料理には違いないが、まぁ餌《えさ》に近いよ。しかも腹いっぱい食うためには、自分より喧嘩の強い二人の兄貴と張り合わなきゃなんないんだ。親父みたいに旋盤工で終わってたまるかって思って、ひいひい言いながら勉強して、やっとこさ公務員に這い上がったんだ」

岩尾は酒の肴にと小さなビン詰めを持ってきていた。手作りの鮎の内臓の塩辛だという。試しに舐《な》めてみると、底抜けに日本酒を飲んでしまいそうな珍味である。

岩尾はうるかを舐め舐め、ぐいぐいと冷や酒を飲んだ。引き締まった体つきは空手で鍛えたものだという。コップをつかむ右手の拳は何百枚もの瓦《かわら》を砕いてきたのだろう、潰れて大きくふくらんでいる。紋次郎と呼ばれた精悍《せいかん》な顔つきは、みるみる酔いに満たされ、赤らんで、ますます凄みを増してきた。

「ところで、例の話ですが……」

幸介は酌をしながら、岩尾の顔をのぞき込んだ。

「調査の席で、なにかあったんですか？」

「うん」

岩尾はぐっと唇を噛みしめて、痛みを堪《こら》えるような悲壮《ひそう》な表情になった。

「さびしいなぁ」

岩尾は唸《うな》るように言葉を絞《しぼ》り出した。切れ長の鋭い目が真っ赤になり、涙がこぼれそうになっている。

「さびしいって、峠正人のことですか？」

「そうですよ。さびしすぎて書類になんか、書けやしないよ」

幸介は岩尾が何を言おうとしているのか、さっぱりわからない。見ると、白石もまた正座をして、深刻な表情で押し黙っているのだ。

「白石先生、君は岩尾先生の言っていることがわかるの？」

「想像はつきます」

白石は硬い声で答えた。

前日、岩尾は単独室で峠正人と面会した。

峠正人は穏やかな表情で白石を殴ったことを認め、反省の言葉をすらすらとしゃべった。

「だけどね、私は峠正人の言葉が嘘くさいなぁ、と感じたんです。もちろん深瀬先生がおっしゃるように、あの少年に反抗的なところはありませんよ。むき出しで自分を押し出してくるような強さもない。しかし、白石先生を殴った時の情動《じょうどう》というか、怒りとか憎しみとか、そういう暴力行為を支えていたものが見当たらないんです。だから、私はかまをかけた」

単独室で峠と向き合いながら、岩尾はドスの利いた低い声で言った。

「峠、おまえ、嘘を言ってるな」

峠正人は二重まぶたのくっきりした瞳を見開いて、じっと岩尾の目をみつめかえした。

「白石先生との間に何があったんだ？」

岩尾は自分の風貌《ふうぼう》や声が与える威圧感《いあつかん》を充分に計算していた。たいていの少年なら、どこかに自分の力が及ばない恐ろしい存在があることを、岩尾の鋭い目や隙のない冷徹《れいてつ》さに触れて思い出すはずなのである。

だが峠正人はそうではなかった。驚いたことに、峠は赤ん坊が母親を見るような、場違いな表情で微笑んだ。そして、岩尾のごつごつとした手をほっそりとした指で包んだ。

「助けてください」

妖艶《ようえん》な、甘ったるい媚《こび》が小さな少年の幼い顔に広がった。

「ぼく、誰も助けてくれる人がいないんです」

その体が自分に甘えようとしなだれかかるのを察して、岩尾は転がるように単独室を飛び出した。教育部門に戻ったものの、自分が見たものをどう整理すれば良いのかわからなかった。

「そういうことか……」

幸介はため息をついた。

「だから白石先生は峠正人を蹴ったのか」

白石はすっかり酔いの覚めた顔でうつむいてい

る。白石もまた、幸介や宇田川に言えない秘密を抱えて罪をかぶろうとしていたのである。

　祖父母に死なれ頼る者を失った峠正人は、父を嫌って家を飛び出した。中学を卒業したばかりで、生きる術を持たない少年が路上で生きるうちに発見した、その場しのぎの悲しい処世術《しょせいじゅつ》が、白石や岩尾が見たものなのだろう。

「なぜ正直に言わなかった。なぜ峠正人をかばったんだ」

　幸介が問うと、白石は落ち着いた声でゆっくりと話し始めた。

「なぜかなぁ。もっとも、この間の話は嘘ではないんです。峠を蹴った後に、岩尾さんと似たことがあったことを言わなかっただけで……。きっと峠は、僕に取り入って安心したかったんでしょう。だけど、そういう切羽つまった峠の境遇っていうか、丸裸の、人生がむき出しになったような峠正人の姿が、なんか僕みたいな恵まれた人間が触ったり評価したりしてはいけない、なんというか、とても神聖なもののような気がしたんです。だから、しゃべることもいけない気がして、かばうとか、自分が犠牲になるとか、そういうのとは全然違うんです」

　深瀬は驚いていた。この無表情な青年が、これだけの繊細な感情を持って少年をみつめていたとは考えてもいなかったのである。

「そうか、白石先生はそういうことを考えていたのか」

　幸介はもう酒に口をつける気もしなかった。若造のダメ法務教官として自分が向き合ってきた若者が、人間として自分よりもはるかにまともな気がした。

「さびしいですよ、まったく。暴れてくれるほうがまだマシだ。俺みたいに不器用《ぶきよう》なのは、峠みたいな少年はお手上げです」

陽子が台所から入ってきて岩尾の隣に座った。

「まぁ、そう言わないで……、その子のことが理解できたんだから、いいじゃないですか？」

「奥さん、そういうもんですかね？」

酔いの回った声で岩尾が言う。

「そうよ。峠くんだって、必死で生きようとして、そんな風になったんでしょ」

「そうですよ」と白石が言った。

「峠正人のことは、ぼくもどう考えていいのかわからなくて、すごく悩んだけど……、なんか良かったです」

峠正人が暴行事件を起こして三日がたっていた。行きつ戻りつした結果、峠正人の処遇はようやくスタートラインに立ったのだ。

幸介は席を立ち、官舎の窓を開けた。

夜の中に黒々と寝静まっている少年院が見えた。

今頃、宇田川は第二学寮の机に向かって、少年たちの日記に目を通しているだろう。

「事件は起こるべくして起こったんだな。そして、俺たちはひとつずつ何かに気がついていく」

幸介はさばさばした声で言った。

「回り道を怖れていたら、何も見えなくなるってことかなぁ」

遠ざけていたタバコに一本、火をつけた。

酔った岩尾はしみじみうなずいている。刑務所のなかで紋次郎と呼ばれた強面の仮面が剥《は》がれおちて、下町で育った気さくな男に戻っている。

「奥さんはお立ち酒という歌を知ってますか？」

「いいえ、知らないわ」

「東北の民謡ですが、これがいいんだなぁ」

「へぇ、歌ってくださいよ」

「いいんですか？」

「いいわよ。ねぇ、あなた」

幸介は窓に腰かけて笑った。

「いいさ。少年たちの子守歌だ」

「それじゃあ」

岩尾は真顔になり、あぐらをかいた体をぐっと緊張させた。

顎をひいて喉をしぼると、甲高い声でゆったりと歌い始めた。

お前お立ちか　お名残りおしい
名残り情けの　くくみ酒
またも来るから　身を大切に
はやり風邪など　ひかねぇようぅに

夜の冷気のなかに、岩尾の渋い声が流れていく。言葉ひとつひとつに情感のこもった哀切《あいせつ》な節回しだった。これほどに深くぶ厚い情感を、この男は刑務官という仮面の下に隠して生きてきたのか。

陽子が涙ぐむ姿をみつめながら、幸介はいつしか息子の和幸のことを思い浮かべていた。

6 ハードレイン（激しい雨）

宇田川秀造がそのいきさつを聞いたのは、当直明けのミーティングの席であった。

単独室に収容されている峠正人が、調査のために面接を行った岩尾浩二に対して色仕掛《いろじか》けで懐柔《かいじゅう》しようとしたこと、また白石が峠に対して暴力をふるった件でも似た経緯があったことを、寮主任の深瀬幸介は伝えた。

「今朝、あらためて峠正人の少年調査記録を読んでみたが、これまで警察の取調べ、家裁調査官の調査、鑑別所の鑑別と、峠はどの場所でも自分の性癖《せいへき》について語っていない。たぶん家を飛び出した後、なにかのきっかけで売春に近いことをやったのではないかと思う。そこで窮地《きゅうち》を救われた体験が、峠の心に強く残っているのではないだろうか。そう考えれば、白石先生の事件も岩尾先生の事件も筋が通る」

もちろん宇田川は驚いた。顔から血の気が引くような失望を感じながら、一方で、いくつかの疑問が氷解《ひょうかい》していくことに安堵《あんど》を感じる気持ちもある。

「あのピースサインはそういうことだったのか」

二日前の朝、単独室に岩尾があらわれ、面接のために宇田川を追い払ったとき、峠が宇田川に送ったピースサイン。あれは、岩尾を取りこむことができるから心配するなという峠の自信のあらわれだったのだろう。そう思うと、峠正人のあまりに無邪気な世界観に新たな悲しみが湧いてくるのだった。

その気持ちを振り払うように、宇田川は顔を上げた。

「そういう事情なら、今日、私が峠に面接をします」

「だめだ」

幸介は強い口調でこたえる。

「宇田川先生は非番だ。休んでください」

「どうしてですか？　私は峠正人の個別担任ですよ」

宇田川が反駁《はんばく》すると、幸介は静かに笑った。

「面接は明日でもできるじゃないですか」

やわらかい声だった。幸介が思いがけない表情で自分をみつめていることに宇田川は気づいた。悲しみと優しさが入り混じったような、この深いまなざしを、いったい、いつのまに手に入れたのだろう、と思った。

「先は長い。休むのも仕事のうちですよ」

幸介の言葉に従うしかないことを、宇田川は悟った。

その日の朝、官舎に戻った宇田川はなかなか眠りに着くことができなかった。当直明けの休日は午前中に仮眠をとり、昼から外に出ることが多いのだが、頭が冴《さ》えてどうにもならない。

仕方なしにステレオにヘッドホンをつないで音楽を聴いた。万年床《まんねんどこ》の枕元にステレオが置いてあって、その前には中学時代から買い集めた三百枚近いＣＤが積み上げてある。仕事仲間に見せたことはない。三十年以上前のロックやブルースばかりで、よほどの音楽通でなければ知らないミュージャンや歌が多いのである。

なにより宇田川にとって、音楽は孤独に浸るための装置だった。厳格な決まりごとの多い法務教官という職業の枠を吹き飛ばし、宇田川秀造という人間を裸にするシャワーのようなものだ。勤務の終わった夜や休日の夕方から、浴びるように何時間も聴き続けることがある。

ボブ・ディランの「ハードレイン（激しい雨）」というアルバムをかけた。

スタジアムに詰めかけた大観衆のざわめきが聞こえてくる。

演奏前の手馴らしという感じで、ザラザラしたエレキギターの音が響く。そこにドラムとベースの音が加わって荒削《あらけず》りで豪快な前奏が始まると、ディランの、喉から血しぶきを吐くような歌声が追いかける。

鼓膜《こまく》が破れそうな音量で聴いた。

宇田川は目を閉じたまま、音楽という爆音《ばくおん》を体のなかに詰め込んでいく。そうすれば不思議とさびしさが薄らいでいくことを経験的に知っていた。

人生に傷ついた人間が、死に物狂いで再生しようと願って歌う声があるとすれば、このアルバムの全曲がそうだった。大学生の頃、高速道路で自損事故を起こし、長い入院生活のなかで出会ったアルバムであることが、いっそう愛着を深くしている。

宇田川が母を失ったのは十歳の時である。父親の浮気に耐えられずに家を出たまま、二度と戻らなかった。

「お母さんは死んだと思ってね」

勉強机の引き出しからみつけた母の手紙に書いてある言葉を読んだ時の衝撃を、宇田川は忘れていない。頭のなかで爆竹《ばくちく》が破裂《はれつ》したような音がして、一瞬、目が見えなくなった。

高級レストランやナイトクラブを経営する父親の財力のおかげで物質的に恵まれて育った宇田川は、知力も体力も周囲の子どもたちを圧倒しており、いわば王様のような気分で育っていた。すべては親の力を背景にしたものだったが、子どもにそれがわかるはずもない。まだ自他の区別がつかない子どもに、母親の離別《りべつ》の言葉が突然ふりかかったわけで、宇田川にとっては母親に捨てられる体験が、不幸にも「自我の発見」そのものだったのである。

自信満々で凪《なぎ》の海を滑走《かっそう》していたヨットは、大人に対する不信と憎悪に満ちた怒りを溜め込み、予測できない航路を進むようになった。十歳から後の数年間、宇田川の情熱は、周囲の大人たちを驚かせ、怒りを買うイベントを発見し実行することに費《つい》やされた。父親の金をあからさまに盗み出し、取り巻きの子どもたちを引き連れて深夜の盛り場を徘徊《はいかい》するという示威行動《しいこうどう》を繰り返した。中学生になると、これ見よがしに恋愛の真似事をして教師の顔を曇らせた。父親は宇田川の行動を黙殺《もくさつ》した。さびしさは埋まらなかった。

　宇田川を苦しめていたのは、自分の顔が父親に余りにも似ているという事実だった。

　この事実が「父親に似ているから、母さんは俺を捨てた」という思い込みを育て、自己愛と激しい自己否定がつねに衝突《しょうとつ》する不安定な性格を形づくっていた。

　十代の宇田川を縛《しば》りつけていたのは、「自分という存在を消さなければ、母の愛は取り戻せない」という歪んだ原罪意識《げんざいいしき》だった。自殺同然の交通事故を起こしたのは偶然ではなかった。

「あの時、事故を起こしていなければ、俺はどんな男になっていたのだろう」

　宇田川はときおり、そう考える。もしかしたら、憑《つ》き物《もの》が落ちたように十代の気分を清算し、仕立ての良いダブルのスーツを着込んでナイトクラブの売り上げを勘定《かんじょう》するようになっていたかもしれない。

　それを惜しいと思う気持ちはない。宇田川の心に、あくまで仮定として、そういう可能性を考える余裕が生まれたということだ。事故で左目の視力を失ったことも後悔はしていない。

「もしかすると俺は法務教官という仕事はしていないのかもしれない」と宇田川は思う。「俺は少年たちを自分と区別したことはない。少年たちの半生を読みながら、俺は自分の少年期をみつめているだけなのだ」

宇田川は少年院が好きだった。自分と同じように、心のなかに嵐を持った少年が好きだった。教育しようと考えたことなど一度もない。

激しい音のうねりの向こうから、峠正人の幼い顔が浮かんできた。

さまざまな仮説《かせつ》を立てて理解しようとしてきたあの少年が、思いもしない側面を見せたことに対する驚きはある。しかし、それが少年なのだと思い直せば、峠正人に罪があるわけではなかった。

彼を取り巻く法務教官が裏切られたわけでもない。少年院と法務教官が少年に差し示す処方箋《しょほうせん》の効能と、峠正人の生活史にいやおうなく組み込まれていた病理《びょうり》がチグハグであったと判明しただけのことだった。

「深瀬主任もそのことに気がついたのではないか」

宇田川は、幸介のまなざしの深さを思い出しながら、そう考えた。とすれば、これまでと違う視点で峠正人とのつきあいを考えていくまでである。

ヘッドホンをはずした。宇田川は制服をすばやく脱ぎ捨て、ジーンズに足を入れた。サンハウスというブルース歌手が唸るように歌う姿がプリントされたTシャツを着て、いつも海辺ではおるオレンジ色のパーカーに袖を通した。

車の鍵を手に、中古のステーションワゴンが停めてある駐車場に向かう。魂がなにかを求めているのなら、誤魔化しても無駄である。納得のいく休みを過ごすべきだった。

宇田川がその港に着いたのは昼前のことである。埠頭《ふとう》に車を停め、歩き始めた。

天気の良い日だった。空を映した青い海に、五トンに満たない白い漁船が二十隻ほど浮かんでいる。

そこに広がっているのは、幸介から聞いたとおり懐かしい漁村の風景には違いない。しかし意外なほどに人影がなかった。

埠頭から車道を越えて集落に入る。瓦屋根をのせた小さな二階家が、肩を寄せ合うようにみっちりと並んでいる。港という海への出口であり、また漁獲物という富《とみ》の入り口でもある場所へ公平に出入りをするために、こうして居留地《きょりゅうち》を細かく分け合って住むのが漁師たちの生き方だったのだろう。

路地はしんと静まり返っていた。玄関先のわずかな空き地に、海に投げ込んだ網の位置を知らせる発泡スチロールのブイや釣り鈎のついた仕掛けが干してあるのを見ながら歩く。

宇田川は、ある家の前で立ち止まった。

苦しそうに身をよじって、廃屋《はいおく》が立っていた。壁の漆喰《しっくい》は剥《は》がれ落ち、泥壁の奥に竹の骨が覗いている。扉が千切れ落ちた玄関の枠組みは傾き、その奥に擦《す》り切《き》れた畳が散乱している暗闇《くらやみ》が見えた。家はすでに死んでいる。家の亡骸《なきがら》がかろうじて立っているだけだった。台風か、地震か、なにかのきっかけがあれば簡単に崩れ落ちてしまうだろう。

宇多川はあらためて路地を見回してみた。この集落は百軒を超える家が集まっているが、その一軒一軒に年寄り、働き盛りの夫婦、その子どもたちがいたはずである。漁から帰った男たちは酒を酌《く》み交《か》わし、時には博打《ばくち》に興じただろうし、女たちは家を切り盛りするために集落を行き来していただろう。小さな子どもたちにとっては路地こそが遊び場であったはずだ。集落をひとつの人体とすれば、路地は動脈であり、路地を行きかう人間が血液といえる。

「その人たちはどこへ行ってしまったのだろうか」

少年院を仮退院した峠正人が帰る場所を確かめよう、宇田川はそう考えてこの漁師町にやってきた。だが、峠を迎え入れるはずの路地に、暮らしのざわめきは聞こえなかった。

宇田川はこの漁師町にたどり着くまでの風景を思い返してみた。

高速道路を降りるとバイパスがあった。おそらく、そこは三十年前には水田だった場所である。バイパス沿いに赤、オレンジ、緑の看板がぎっしりと立っていた。スーパーマーケットや靴店、生活雑貨店、携帯電話の特約店、レンタルビデオ店、パチンコ店が並び、駐車場は車でいっぱいだった。

バイパスを抜けると江戸時代には城下町だったという市街地があって、国道沿いに瓦屋根の町屋《まちや》が並んでいる。シャッターをおろしたままの商店がいくつも見えた。

市街で海に突き当たり、海岸沿いの道を十分ほど車を走らせた場所が峠正人の生まれた漁師町だ。

あのバイパスの、極彩色《ごくさいしょく》のショッピングモールから、車が走るごとに町並みの精気《せいき》が薄らいでいったことを宇田川は認めないわけにはいかなかった。

「この漁師町は、地域にとってもはや必要ではないということか。とすれば、峠正人はどこに帰ればいいのか」

路地の向こうから、とぼとぼとひとりの老人が歩いてきた。手にバケツを下げて、長靴をはいている。宇田川が会釈をすると、老人は近づいてきて宇田川を見上げた。

「あんた、観光ですか？」

「はぁ、そういう感じです」

「あんた、ミズイカはいらんか。一パイ千円でいいけん」

のぞいてみると、ビニールのバケツの底にヌルヌルとした生き物がぐったりとした様子で沈んでいた。宇田川には、その値段が高いのか安いのかわからない。

「もうしわけありません。自分は料理をしないんです」

「なら干物はどうかね。あぶるだけ。スルメみたいなもんじゃ。一枚五百円でいいけんな。すぐそこにある」

老人は宇田川の手をとって、強引に歩きはじめた。ごつごつとした踵《かかと》のように厚い皮で覆《おお》われた手だった。

「おじいちゃん、漁師ですか？」

「おうよ。八十じゃが、引退できんのじゃ」

「では峠勲夫という漁師さんを知ってますか？」

峠勲夫は峠正人の祖父である。

「あぁ知っとるよ。腕のいい漁師じゃったが、このあいだ死んだな。マグロ船を下りて、小漁師《こりょうし》をやっとった。鯛のテンヤ釣りが得意でな、ふてぇ鯛を取りよったがな。値が良かったのはバブルの頃までで、魚も減り、値もつかんようになって、近頃は油代も出んよ。若い者は仕事にあぶれて、みんな都会に行ってゴソゴソしよるんじゃ。おかげで集落《ここ》は年寄りばっかりで、惨めなものじゃ……。勲夫はいい時に死んだち、みんないいよる」

老人は宇田川の手を引いて百メートルほど歩いた。なるほど家の前に開いたイカが十パイほど干してある。

「でかいじゃろ。酒の肴《さかな》に最高じゃ」

「では二枚ください」

「五枚で二千円にするがな」

老人はなかなか商売上手なところを見せる。

「そんなに食べられませんよ」

せっかく出会ったのだから買おうと思ったまでで、食べきれないというのは本音だ。甘い顔を見せたのは失敗だったかもしれない。

老人は、閉じたイソギンチャクのようにすぼめた口を、もぐもぐと動かしながら、顔を宇田川に近づけてきた。落《お》ち窪《くぼ》んだまぶたの奥に、ひどく真剣な瞳が光っている。

「わしん息子は大阪でサラ金にひっかかってヒィヒィ言いよる。孫に玩具《おもちゃ》のひとつも買うてやりてぇんじゃ。五枚買うておくれよ」

なるほど、と宇田川は思った。ありそうな話だ。馬鹿馬鹿しいほどにありがちな話が、馬鹿馬鹿しいほどにありふれて、集落がこれほどに寂《さび》れたのだろう。

「買いますよ。ひとつ質問していいですか？」

「なんかえ」

「この海では、もう漁師は成り立たないんですか？」

「成り立たんもなんも、どこの馬鹿が漁師になりたいなどと思うかね。もう魚もイカも湧かんのじゃけぇなぁ」

峠正人に聞いた通りの答である。

ため息が出た。

「誰がそうしたんでしょう」

宇田川はそう何の気なしにつぶやいた。独り言である。しかし老人は聞き逃さなかった。宇田川の手から二千円をひったくった。

「誰が海を涸《か》らしたか？　この頭のわりぃ爺にそげなこと聞いて、何の甲斐《かい》があるんかい」

老人は毒づきながら家に入り、ビニール袋を手にせかせかと戻ってきた。宇田川にビニール袋を手渡すと、「勝手に持っていけ」と怒鳴った。そして戸口をぴしゃりと閉じた。

「先生、ハクチビって、どういう意味ですか？」

峠正人が、突然、そう開いてきたのは、単独室で面接をはじめて十分ほど過ぎた時のことである。

宇田川は少年をみつめた。

からかっているわけではない。真剣な表情だ。

「ハクチビ……か？」

思い当たる言葉はあるが、早計に口に出すような意味ではなかった。しかし少年本人が言い出したのだ。なにかをしゃべろうという気持ちになっているのだろう。あせらず、その言葉の出た状況を聞きだそうと宇田川は考えた。

「どこでそれを聞いたのかな?」

さりげなく話題を広げてみる。峠正人は困ったように首をかしげた。答をためらっている。緊張した時の癖なのか、峠は二重まぶたの大きな目をパチパチとしばたいた。

待とうと思った。

宇田川は椅子から立ち上がり、窓辺でのびをした。窓のむこうにすっかり葉の落ちた桜の木が見える。しばらく眺めているうち、その褐色《かっしょく》の枝に小さな黄色い塊《かたまり》が飛来《ひらい》して止まるのが見えた。

チチーッという甲高い鳴き声が窓辺に届く。

「あ、メジロが来たぞ」

宇田川は思わず声を上げたが、峠正人には聞こえなかったようだ。なにかを思い出そうと中空を睨んでいる。

「えっと、渋谷の……、センター街……」

少年は思わぬ地名を口にした。

「シブヤって、東京か?」

「はい」

宇田川は驚いた。峠正人の生育歴や非行歴に東京のことなどひと言も触れられていなかったはずだ。

「いったい、いつの話なのかな」

「今年の二月ころです」

今年二月といえば、峠正人が漁師町の実家から家出をしてまもなくのことである。事件を起こしたのは今年の三月初旬のことだ。家出と事件の間に、九州から東京に旅行するという大きな出来事があったことになる。

「東京に行くなんて、そんな金がよくあったなぁ」

「お金持ちのおじさんがタダで連れて行ってくれ

たんです」

宇田川の心臓が高鳴った。

「へぇ、そうなんだ」

動揺《どうよう》を悟られないよう、とぼけた声で相槌《あいづち》をうった。表情を見られないように窓の外を眺めたまま、つまらなそうに耳の穴をほじる仕草までして……。

「その人とどこで会ったの？」

僕は家出してから一週間、中学の同級生だったサトシのアパートに泊まっていました。サトシは土建屋の息子でお金持ちです。マチの私立高校に入学して、通学が大変だと甘えたら、親がアパートを借りてくれたんです。

夏休みで帰ってきた時、サトシはテレビに出てくるアイドルみたいに長髪をデップで立てて、制服のスラックスを尻の割れ目まで下げてはいていました。アパート暮らしはすごく楽しいと自慢しました。いつでも泊めてやるよと言われたので行ってみたんです。死んだバァちゃんにもらった二万円の貯金を持って出たので、カップラーメンを食べればだいぶ持つと思いました。サトシは電気コタツで眠らせてくれました。サトシが学校に行っている間は、サトシのテレビゲームをやって時間をつぶしました。

三日目の夜、学校から帰ってきたサトシに誘われて遊びに出ました。ゲーセンに行くと、サトシが「部屋代を出せ」と言ったので、もったいなかったけど五千円を渡しました。サトシはＵＦＯキャッチャーでガスライターの入った箱を取ろうとして、二千円使いました。結局ライターは取れなかった。サトシは「お前もやってみろ」と言いました。嫌がっていると「ノリの悪い奴やなぁ。もう泊めてやらんぞ」と言われたので、残った自分の金でロボットの人形を取ろうとして千円すりました。サトシは自分も取れなかったくせに「アタマわりぃのう」と言って、僕の尻を蹴りました。

そこにハルカという名前の女の子が来て、サトシは「おれの彼女じゃけん。じろじろ見るなよ」と言いました。三人でマクドナルドに行ってハンバーガーを食べました。ハンバーガー代は、僕から取り上げた五千円の残りで、サトシが払いました。その後、カラオケに行って二時間歌いました。出る時にサトシが払おうとしたけど二千円足りなかったので、僕が出しました。ハルカが「ごちそうさまでした」と言ったので、笑ったらサトシからまた尻を蹴られた。

次の日の夜は、サトシが「部屋代が足りん」というので五千円を渡すと、今度はサトシひとりで遊びに行きました。だんだん金がなくなったのでテレビゲームばかりしていました。一週間たったら、もう五百円しかなかった。帰ってきたサトシは「ハルカが遊びに来るけん。今日は泊められん。五百円あるなら父ちゃんのところに帰れ」と言いました。帰りたくなかったので、サトシのアパートの近くにある公園で、ベンチに座って寝ました。一日たってサトシのアパートに行ってみたけど、声をかけても誰も出てきません。ゲーセンに行けばサトシに会えるかもしれないと思って、繁華街のほうに行ってみたけどみつかりませんでした。

峠正人が「お金持ちのおじさん」と会ったのはその夜のことだ。

R県の県庁所在地の歓楽街だった。峠の所持金は五百円だった。丸一日飯を食べていなかった峠は、歩いているうちに目についたコンビニに入った。真夜中のコンビニは彼にとって、もっとも緊張せずにすむ場所だった。店員は自分とあまり年齢の変わらない青年だったし、コンビニの店員は客の風体を見ないように下を向いている人が多いから。

四百五十円の弁当を買った。金がなくなるのは気が重かったが、とにかく腹いっぱいになりたかった。コンビニの駐車場の隅にしゃがんで「豚のしょうが焼き弁当」の蓋を開けた。

そこに声をかけてきたのが「お金持ちのおじさん」だった。

「お茶も飲まずに食べてるの？」

おじさんは峠にペットボトルを差し出しながら笑った。

冬のアスファルトは尻が痛くなるほど冷たかった。おそるおそる手にしたペットボトルのお茶が温かいのが嬉しかった。

おじさんに誘われてファミリーレストランに入り、そこでカキフライ定食を食べ、メロンソーダを飲んだ。レストランのなかは天国のように暖かかった。腹がいっぱいになり、眠くなって頭がぼぉーっとした。

「おじさんはね、芸能関係の仕事をしているんだ」と男は言った。

「君はきれいな目をしているね。役者はね、目が決め手なんだ。どんなに演技がうまくても、目に魅力がないと主役にはなれない」

「僕のお母さんも目が大きかったってバァちゃんが言ってました。オキナワの人だから……」

「お母さんとは一緒に住んでないの？」

「僕が小さい頃にお母さんは離婚してオキナワに帰りました。育ててくれたジイちゃんもバァちゃんも死んで、テンガイコドクです」

「それは……、悪いことを聞いたな」

「いいです。顔も覚えていないし……」

「テレビに出たら沖縄から会いにきてくれるんじゃないかな」

峠正人には男の言う意味がわからなかった。あいまいに笑うと、笑顔がいいと褒《ほ》められた。

「でも、僕、誰も助けてくれる人がいません」

つい、そう言ってしまった。

男は峠の手を静かに握り、白い肌をさすった。

「僕は明日、東京に帰るんだが……。一緒に行かないか？」

少年はまたあいまいに笑った。東京に行く、ということがどういうことなのかよくわからない。とにかく眠りたかった。男は峠をタクシーに乗せて投宿しているホテルに戻り、少年のためにシングルルームをとった。翌日、ホテルの近くからバスに乗り空港へ行った。

東京に着いたのは午後三時すぎである。男は「キタオちゃん」に二回、電話をかけて「そうそう、そういうこと。頼んだよ」と言った。一時間ほど電車に乗って、男のあとについて駅を出ると、見たこともない人混みとテレビで見たことのある風景があった。


きれいだなぁ、と思いました。いろんな色の看板が光っていて、その光がいっぱいで、どこまでもどこまでも続いて、テレビで見たことのあるサンゴ礁みたいやなぁと思いました。あんまりきれいで、足が震えました。おじさんについて行くと、ジーパンがいっぱい置いてある地下の古着屋に着きました。おじさんは「あんまり新しいとオノボリさんぽくなるからなぁ」と言いながら、僕に貝のボタンがついたシャツと、穴の開いたジーパンと内側にケバケバのついたデニムのコートを着せました。そして茶色い皮のハンチングをかぶせて、「どうだい。パリの不良ギャルソンって感じで、いいだろ。トリュフォーっぽく行こう」と言いました。大きな鏡の前に僕を立たせて、「ポケットに手を突っ込んで、猫背になって、鏡を睨んでごらん」とか「笑って」とか言いました。

「いいねぇ。どう見ても、初々しい十三歳だ」

「僕、十五歳です」

むきになって言うと、おじさんは大声で笑いました。

「馬鹿にしてるわけじゃないよ。君は僕のイメージにぴったりだ、と言ってるだけさ」

おじさんは嬉しそうにもみ手をしました。僕はどうしてこんなに親切にしてくれるんだろうと思いました。でも、そんなことを聞くと、おじさんが怒り出して今までのことが全部消えてしまうような気がしたので言えませんでした。地下の店を出て、「センター街」と書いてある街灯がいっぱい並んでいる通りを歩いていくと、ダイヤモンドを壁に貼りつけたようなキラキラしたビルがあって大きな窓をたくさんのカップルが覗き込んでいました。僕も覗いてみました。窓の下に丸い客席があって若い女の人がいっぱい座っています。そしてすり鉢みたいな席の底がすごく明るくなっていて、そこでテレビで観たことのあるお笑いの人がマイクを持ってしゃべっていました。その周りをテレビカメラを持った人が動いています。「今、自分は本物の芸能人を生で見ている」そう思うと、昨日コンビニの前に座って「豚のしょうが焼き弁当」を食べていたのが嘘みたいで、そうかといって自分が今、ここにいて芸能人を見ているのも信じられない夢のようです。ぼぉっとしながら窓のなかを覗き込んでいる僕の肩をおじさんがゆすりました。

「そんなものは、これから飽きるほど観ることができるよ。それより腹ごしらえしよう。ほら、そこで……」

おじさんは、キラキラ光るビルの向かいにある赤い看板を指差しました。薄暗い大きな建物の二階に、英語の文字が赤く光っていました。長い木の階段を登って、蝋燭《ろうそく》の灯《とも》った焦げ茶色のテーブルで大きな肉の写真がのったメニューを広げました。

「若いんだから三百グラムぐらいペロリだろ？」

おじさんはてきぱきとメニューをたのむと、やってきた赤ワインをいかにもおいしそうに飲みました。幸せそうだなぁ、と思いました。幸せだから幸せそうなのか、幸せそうにできるから幸せなのか、どっちなんだろう、そう考えているとピンク色の大きな肉の塊がやってきて、僕はおじさんの真似をしながらフォークとナイフで肉を切って食べました。おいしかったけど、肉は少しパサパサしていました。いつのまにか涙が出てきました。おじさんが僕を見て「そんなに旨いのかい」と聞いたので、うなずきました。でも、本当はバァちゃんの作っていたマルハゲ（カワハギ）のタタキが、信じられないほどおいしいものだったんだとその時、初めてわかって、悲しくなったのです。

しばらくすると、二人の男の人がやってきました。ひとりは大きなテレビカメラをぶらさげていました。さっきキラキラしたビルのなかで見たカメラと似ていました。

「おはようございます」

「あぁ、キタオちゃん。急にごめんね」

二人の男の人は僕のことをじろじろ見ました。

「峠くんだ。どうだい大スターになる予感がするだろ」

二人の男の人はなにも答えませんでした。向かいの席に座って、それぞれ僕と同じステーキを頼みました。

「こういう所に来ると、なんだか沖縄を思い出すな」

タバコに火をつけながらカメラを持っていたキタオという男の人が言いました。

「あのロケは良かったなぁ」

「あの作品は馬鹿売れだったしなぁ」ともうひと

りの人が言いました。

僕は黙って肉を食べていました。お腹が破裂するくらい満腹になっていたけど、せっかく食べさせてもらっているのだからがんばって食べていました。すると「おい、坊や、顔を上げてくれよ」とカメラの人が言いました。いつのまにか向かいの席でカメラをかまえています。「せっかく金払ってんだ、イメージでどっかに使えるだろ。できるだけデカイ肉を、口をがぁっと開けて食べてみろよ」

「おいおい、どこかの映画カメラマンみたいに硬派《こうは》ぶるのはやめてくれよ」とおじさんは言いました。

「役者には優しくしてもらわなくちゃ」

店の人に隠れて、僕は三回、肉を食べるところを撮影されました。

なんだかすごく嫌な気持ちになって、トイレに行きました。手を洗っていると、鏡のなかにケバケバのついたコートの下でちぢこまっている自分が見えました。

おじさんみたいに幸せそうじゃないなぁ、と思いました。せっかく親切にしてもらっているのだから、鏡に向かって、幸せそうに笑う練習をしてみました。

おじさんたちの席に近づくと、三人は大きな声で笑っています。

「そんなこと言うなよ」おじさんは言いました。「ああいう白痴美《はくちび》がマニアには受けるんだ。見てろって……」

カメラの人が僕に気がつきました。ぎくりと肩をゆすると、石みたいな硬い顔になりしました。その顔を見て、自分のことを話してたんだとわかりました。ハクチビって何のことなんだろうと思いました。

おじさんはあわてた様子で振り向きました。つくり笑いをしました。

「おや、ずいぶん早かったねぇ」

幸せそうな顔はもうどこかに消えていました。

僕はあいまいに笑いました。だけど自分がとても愛されているわけではない、と思いました。だから、おじさんが席を立って勘定を済ませている間に、パンを切るナイフをケバケバのコートのポケットに隠したのです。

峠正人はその撮影隊に渋谷の町並みを連れまわされた。

はやりの喫茶店の前でコーヒーを立ち飲みしたり、ガードレールを飛び越えるところを撮られたという。

おそらく大人たちはまともな撮影らしさを演出して峠正人をその気にさせたかったのだろう。

その後、道玄坂の近くにあるホテル街へ連れ込まれた峠は、撮影の真の目的を知ってホテルを逃げ出している。

「金持ちのおじさん」にパン切りナイフで切りつけ、財布を奪って逃走した。財布には約二十万円が入っていたという。

盗んだ金でR県に戻った峠は、英雄になった。

サトシは東京に行ったことがなかったから、冒険から帰還した峠の話はサトシやハルカを圧倒した。峠は生まれて初めて、じぃちゃんに仕込まれた釣り以外で優越感を味わうことができたのだった。

しかし、その優位も盗んだ二十万が使い果たされるまでのことだった。

ある日、サトシは友達がひったくりで五十万円入りの財布をゲットしたという話を聞きつけてきた。

「五十万あったら東京に行けるなぁ」とサトシは言った。

峠はまた別のことを考えていた。東京の経験から、峠はお金と旅の関係を初めて知った。金さえあれば、どこにでも行けることを学習したのである。

「オキナワに行けるかもしれない」

峠正人はそう考えた。空想のオキナワには瞳の大きな美しい母親が立っていた。

峠が強盗致傷《ごうとうちしょう》で逮捕される三日前の夜のことだった。

「峠正人はそんな体験をしていたのか……」

幸介の口から、おもわず驚きの声が漏れた。

峠正人が見知らぬ男に声をかけられ東京までついて行き、渋谷界隈《かいわい》で性的なビデオ撮影の対象になったいきさつを語る宇田川の言葉を、幸介は腕を組み、目を閉じて聞き入っていたのだった。

「わざわざ峠を飛行機に乗せて東京まで連れていっているし、ビデオカメラも本格的なものだったようですから、おそらくその手の映像で商売をしているプロの集団だったんでしょう。幸い、峠正人は被害に遭《あ》う前にステーキ屋で盗んだナイフのおかげで逃げ出すわけですが、そこで二十万円を手に入れたことが、逮捕されるきっかけになったひったくりの伏線になっていたんですね」

「やれやれ」と幸介はため息をついた。「つまり、その時に、科《しな》をつくって相手に媚《こ》びる手管《てくだ》を学習したわけか」

我慢しているタバコが吸いたくてたまらない気分だった。やりきれないのである。漁師町で祖父母に育てられたために古風な世界観を持った未熟な少年が、外の社会で初めて出会った大人の世界が、そういう闇の業界だったわけだが、たまたま親譲《おやゆず》りの大きな瞳と愛くるしい風貌《ルックス》を持っているために声をかけられたのだから本人のせいばかりとは言い切れない。

「峠正人の父親も、大きな二重まぶたの目だったが、あれは母親譲りだったのかな」

幸介は、数日前に防波堤で出会った峠太志の顔を思い出しながら、そう呟いた。

「峠は父親になじまず、父親の存在を意識から消そうとしているところがありますから、無意識のうちに自分の容貌《ようぼう》を、顔を知らない母親のほうに関連づけて生きてきたのかもしれません」

　宇田川はそう言うと、ことさら抑えた声でこうつけくわえた。

「その気持ち、私にはよくわかります。峠の心には自分の出自《しゅつじ》をめぐる大きな空洞が口を開けているんです。なにかにつまづくと、その振り出しに戻ってゼロになってしまう」

「昔なら、いろんな手があったが……」

　幸介がそうつぶやいたのは、少年と法務教官のかかわり合いの形のことだ。

　かつては少年の寮生活を見守るなかで、法務教官は折をみて働きかけをすることが可能だった。形通りの面接とは違って、気になる少年を当直室に呼んで自分のコーヒーを飲ませたり、深夜まで話を聞いたりすることができた。表の顔とは違う法務教官の姿をさらして、行動訓練や職業補導とはまた違った人間関係を築くことのできるベテランもいたのである。もちろんそういった、教官に与えられた裁量のなかに手荒な指導もまた含まれていたわけで、いわば法務教官の個人技を平板《へいばん》に均《なら》していく過程で、公平さや穏当さが確保された反面、少年と親密な関係を取り結ぶ自由が制限されてきたのが近年の流れであった。

　宇田川が熱心に少年をみつめる法務教官だったからこそ、峠正人の体験談が本人の口から出てきたわけで、宇田川にある程度の裁量を与えれば、仮退院まで数カ月の間に、宇田川から峠正人に何らかの変化や成長を促す働きかけができるだろう、と幸介は考えた。

　しかし、それもまた少年院という組織を構成するそれぞれの人間の世界観と人間観、さらに言えば上司の体温次第で決まる。

峠正人が起こした法務教官への暴力という事故の性質を考えれば、謹慎《きんしん》二週間、十一カ月の収容期間の二カ月延長というあたりが落としどころになるのだろうが、二カ月延ばされた収容期間のなかで、二カ月の拘束に見合う見返りを少年に返せるのかといわれれば、幸介は自信を持てなかった。

第二学寮には二十人の少年たちがいて、それぞれに困難な事情を抱えている。知的発達遅滞《ちてきはったつちたい》のために親に見離され、学校でもゴミのような扱いを受けてきた少年。貧困にあえぐ家庭を逃れて、自分が加わる能力さえない暴走族の集会を見物にでかけるうち暴力事件に巻き込まれた少年。広汎性発達障害《こうはんせいはったつしょうがい》のために、周囲からまったく理解されないままに自分の世界を、とんちんかんな言葉で塗りつぶしつづけている少年もいる。

彼らが真に求めているのは、彼らの不完全な在り様をあるがままに受け入れ、理解し、彼らの一生を通じて、ともに伴走してくれる人間なのである。

しかし、少年院にできることは、彼らを一定期間預かり、安定した生活習慣を取り戻させ、ある程度の型を仕込んで社会に戻すことだ。幸介は、そうした少年院の役割を誇りに思ってきたし、制度上の制約を受けながら、個々の法務教官はぎりぎりの努力を続けてきたと考えてきた。

それでもなお、自分たちの仕事のなかに、送り出した少年たちの未来を信じることのできる夢の形が結像しないのはどうしたことだろう。疲れ果て、肩で息をするような気持ちが、澱《おり》のように蓄積されていくのはどうしてだろうか？

「宇田川先生」

幸介は迷いを捨てるために、強く重々しい声を出した。

「峠正人のことは注意深く見てやってください。ただ、峠に時間を使いすぎないようにお願いします。峠の一件で、他の少年たちも揺れている様子があります。この一週間は厳しくやりましょう」

宇田川の顔がさっと青ざめた。水をかけられたような気持ちになっただろうが、仕方ないと幸介は思った。宇田川は峠正人に焦点《しょうてん》を絞って、思い切り処遇を展開したいと考えていただろうし、幸介がそれに同調するのを期待していたかもしれない。だが、幸介はあの朗らかな遠山首席専門官が、少年に対して厳しい処遇観を持っていることを知っていた。寮主任である幸介が少年院全体の意志からかけ離れた行動を取れば、第二学寮と少年院全体の足並みが揃わなくなってしまう。

ひとりの少年を全人格的に処遇することは理想に違いないが、宇田川がそれにかかりきりになれば、他の若い法務教官に皺寄《しわよ》せが行くことは目に見えていた。

幸介の言葉を聞いた宇田川の顔が、驚きから怒りに変わり、右の瞳に諦念《ていねん》と絶望《ぜつぼう》の入り混じった視線が浮かぶさびしさに、幸介は耐えた。

「わかりました」

宇田川は冷え冷えとした声で言った。

「深瀬先生のお考え通りにします」

「頼む」

そうやって宇田川と幸介が睨みあっているその時だった。庶務課の時枝《ときえだ》が二人に近づいてきた。女子少年院で法務教官として働いてきたベテランだが、男子施設のため庶務課に配属されている女性だった。

「今、玄関に峠正人の父親だと言う人が見えていますが、どうしましょうか?」

幸介と宇田川は顔を見合わせた。面会の申し込みは、もちろん受けていない。幸介と宇田川が玄関に出てみると、峠太志はいかにも着慣れない様子の背広をつけ、曲がったネクタイをぶら下げている。

足元に七十リットルはありそうな大きなクーラーボックスが置いてあった。

幸介の顔を見ると、峠太志は深々とお辞儀をした。

「急に三崎のマグロ船から連絡があって、ひとり欠員が出たので来て欲しいと言われちょるんです。たぶん南アフリカ沖に半年ぐらい行きっぱなしになります」

「そうですか」

「ですから、息子にひと目会うてから出発しようと思いまして……」

そう言うと、峠正人は傍《かたわ》らのクーラーボックスの蓋《ふた》に手をかけた。

砕《くだ》いた氷の下に、幸介がこれまで見たこともない大きさの、鈍い銀色の魚が体を折り曲げて横たわっていた。想定していた大きさをはるかに超える魚を見ると、イメージが破壊されて眩暈《めまい》が起こるものだが、その魚はまさに「年無し」と呼ばれる大物だった。

「これは……、クロダイですか？」

「はぁ、六十二センチあります。昨夜、釣れよりました」

峠太志はクロダイの尾をつかむと、無造作《むぞうさ》に持ち上げてみせた。クーラーボックスの氷がこぼれて玄関に散らばったので、時枝と宇田川が拾った。

「せっかくなので正人に食べさせてやりたいと思って……」

幸介は言葉を失って峠太志の顔をみつめた。寮で厳しい生活を送っている他の少年たちの手前、峠正人だけに釣りたてのクロダイを食べさせるわけにはいかないではないか。

氷を拾うためにしゃがみこんだ宇田川が、幸介を見上げていた。ほんの数分前の冷たく鋭い視線ではなく、目が笑っている。この状況は、幸介が峠正人の育った港を訪ねたことに端を発しているのだ。

「そういう事情なら、面会は便宜《べんぎ》を図りたいと思います。しかし、クロダイはちょっと……」

「見せるだけならどうですか？」

宇田川に追い討ちをかけられて、幸介はさらに困惑した。

峠太志と魚を来客用の駐車場に待たせて、幸介は教育部門に戻った。教育部門の南端に設けられた首席専門官の個室のドアをノックした。

遠山は篤志面接委員の業務日誌に読み終わったことを示す判子《はんこ》を押しているところだった。

「首席、ちょっとお話が……」

「どうしたの？」

「単独室に入っている峠正人ですが、いま急に父親が訪ねてまいりまして、三日後にアフリカに行くそうで……」

「アフリカ？　へぇ、遠いねぇ」

「今日、峠正人に会って別れを言いたいと……」

「ふーん、仕方ないなぁ。面会させるんでしょ」

「それで、昨夜釣り上げた魚を見せたいと言っているんですが」

「魚？　なんのために見せるの」

遠山はのんびりと甲高い声を上げたが、目は笑っていない。

「なんのためにと言われると困るのですが、峠正人は父親との関係がずっと希薄《きはく》でして、ここで信頼関係を築いておくのも、予後に役に立つかと考えます」

遠山はうすら笑いをしながら幸介の話を聞いていたが、答えを考えるためだろうか、回転椅子を回して窓辺を向いた。幸介から遠山の表情は見えない。

「どこで会わせるの？」

「家庭寮を使おうかと考えています」

「家庭寮に？」遠山の声が、驚きでさらに甲高くなった。

　家庭寮とは少年院の正門の脇にある建物で、訪ねてきた保護者が少年と面会する際に使えることになっている。仮退院間近の少年と保護者なら、泊りがけで話し合いを持つ制度もあるが、あまり運用されることはない。

「まさか泊まらせるわけじゃないよね？」

「できれば……」

「でも調査中の子を単独室から出して、親子を泊まらせるというのはどうも……。甘くないですかね」

「しかし、しばらく会えないようですし……」

　遠山はすばやく床を蹴って、こちらに向き直った。まぶたの周りに赤みがさして、怒りを堪えている。

「しかしね。他の少年から見れば、峠正人が暴れたからこそ、色々と教官から世話を受けているように見えないですか？　いわばゴネ得をしているように、受け取られかねませんね」

　遠山が言うことは正論である。幸介も同じことを考えている。だからこそ寮主任として宇田川の行き過ぎた処遇を危惧《きぐ》していたのである。しかし、ここに立ち幹部と話しているうちに、宇田川の努力と意気込みを無にすることが、妙に惜しくなっている自分に、幸介は気がついた。

「首席、宇田川はよくやっております。他の教官も気がつかなかった峠正人の内面を引き出して、熱心につきあっています。今、彼のやっていることを潰《つぶ》すと、大切なものが失われます」

「大切なもの？　それ、なんのことですか」

「宇田川は峠正人という少年を救おうとしています。多くの法務教官が、通り一遍の職務をこなして事足れり、と考えているなかで、宇田川は少年の境遇を自分の身に置き換えて、理解しようとつとめています。法務教官としては、いささかはみ出したところもありますが、そういう法務教官を許容していかなければ、少年院という壁のなかに夢が育っていきません」

遠山はわざとらしく息を吸って、鼻白《はなじろ》んだ表情を無理に笑顔に変えた。

「演説するね。君……」

「はい。首席にお許しいただけなければ、宇田川が法務教官を辞める可能性がありますから、私が抗議して代わりに辞めます」

遠山はひどく困惑《こんわく》した表情で絶句した。それ以上に、幸介は自分の言葉に驚愕《きょうがく》していた。そんなことを言うつもりは、毛頭なかったのである。


峠正人は宇田川の付き添いで単独室から出され、家庭寮の一室で父親と面会した。

着慣れない背広を着た父親が畳のうえにあぐらをかいている。その前に座った峠正人は、救いを求めるような表情で宇田川を見たという。

宇田川は峠正人と並んで正座した。

「息子さんは、沖縄に行きたかったそうです」

「沖縄……」

「沖縄に行ってお母さんに会えるのではないかと思い、ひったくりに加わったと……」

ひったくりに誘った中学の同級生サトシは、建設業の父親に付添人《つきそいにん》を付けてもらい、環境調整を済ませたことを家庭裁判所に熱心に訴えたのが功を奏して保護観察を勝ち取っている。こうして峠正人が少年院に入っている現実は、保護者の子に対する関心の強さと経済力の差をあらわしているとも言えた。

「そうですか。おきなわ……」

峠太志は、うなだれて宇田川の言葉を反すうした。

そして、顔を上げた。

「正人、母ちゃんに会いたいか?」

峠正人は、何も言わず、うなずいた。

父親はため息を何度もついた。やがて、とぼとぼと話し始める。

「そりゃあ、俺もさ……。惚れたから一緒になったんじゃもんな。憎み合うて別れると知って結婚する馬鹿はおらんよ。しかし、なんでじゃったかなぁ。お前たち親子をほっぽらかして、飲み歩いて……。板子《いたご》一枚下は地獄じゃと嘯《うそぶ》いて、博打《ばくち》に金散らしてよ。とにかくマグロを獲れば獲るほど金がじゃんじゃん入って、身体がきついのを酒でまぎらわして、狂うておったんじゃ。母ちゃんにも、お前にもすまんことをしたなぁ」

峠正人は何も言わなかった。ただ顔を伏せて、じっと正座をしていた。宇田川は代わりに何かを言ってやりたい気がしたが、我慢した。

すると、そこに家庭寮の玄関が開く音がして、足音が近づいてきた。

障子を開けて顔を出したのは遠山首席専門官だった。手に細長い箱を持っている。

驚いて廊下に出た宇田川に遠山は厳しい表情のまま、「どうですか？」と聞いた。

「父親から謝罪の言葉が出ましたが、まだ峠は反応していません」

「そう」

遠山は部屋のなかに入っていった。

「や、どうも。首席専門官の遠山です」

父親は正座になってお辞儀をしたが、首席専門官が教育部門の責任者だということがわかるはずもなかっただろう。

「峠正人くん」

遠山は例の朗らかな調子で呼びかけた。

「君は将来、漁師になる気があるの？」

峠はしばらくもじもじとしていたが、「はい」と小さな声で答えた。

「そう。じゃあ、お父さんとゆっくり話し合うんだね」

「いいんですか？」

宇田川は驚いて尋ねたが、遠山は答えもせずに廊下に出ると宇田川を手招きして、耳打ちした。

「遅くなるのは仕方ないが、泊まるのだけは勘弁してよ」

そして、細長い箱を手渡した。

手に持ってみるとずっしり重い。

「何ですか？」

「立派なクロダイがあるんだって？」

「はい」

「峠は漁師になるんだろ、父親に魚のさばき方でも教わるんだね」

宇田川が箱を開けてみると、大きな出刃包丁があらわれた。宇田川は信じられない思いで、遠山の顔をまじまじとみつめた。

「事故には気をつけてくれよ。俺の首が飛ぶからな」

「……」

「生ゴミを出されると困るから、残さず食べるように」

「どうして……」

「君の寮主任に、辞めると脅かされたんだ。仕方ないだろう？」

真顔でそう言うと、ふいに遠山はウインクをした。

7　木漏れ日

R少年院で職員暴行という規律違反行為が起きてから、半年あまりが過ぎた。入院時に十一カ月と計画されていた峠正人の収容期間は事故によってひと月延びた。少年院の庭に立つソメイヨシノが満開の頃にやってきた峠正人は、やはり満開の春に仮退院することになった。

半年前、大きなクロダイを持って面会にやってきた父親の峠太志は、遠洋マグロはえなわ漁船に乗り込むまでの三日ほどの間に沖縄の元妻に連絡を取ったらしい。

父の面会から三カ月ほどたった頃だった、少年院の峠正人のもとへ母親から手紙が届いた。手紙は、南アフリカのケープタウンから、沖縄の母親へ父親の給料の一部が突然送られてきたこと、やがて峠正人のことを頼むと書いた絵葉書が届いたことを伝えていた。

峠正人が個別担任である宇田川秀造に見せた手紙には「いろいろあったけれど、今は暮らしも落ち着いています。お父さんが助けてくれるなら、沖縄で正人と一緒に暮らしてもかまわないと考えています」とあった。母親は再婚をせず、糸満市の喫茶店で働いていた。

宇田川は母親と連絡を取り、峠正人が沖縄で進学できそうな高校をいくつか調べ上げた。そのうえで、保護観察所に働きかけ、沖縄で保護観察を受けられるように目ぼしい保護司を紹介してもらっている。宇田川はそれと平行して、母親に算数の九九と漢字の書きとりのドリルを送ってもらい、峠正人に学習を促し、小学校の学力を徹底的に身につけさせるようチェックをかけた。

　母親の手紙が届いてからの三カ月、峠正人の変化には目を瞠《みは》るものがあった。祖父母という保護者を失った寄辺《よるべ》なさを誤魔化すために使われていた笑顔に、本物の明るさが宿るようになった。

　少年が立ち直る時に、身体全体から放射される光のまばゆさを、法務教官である宇田川秀造はあらためて知った。それは仕事の成果とはまったく違う、数値化などできないものであった。少年が幸せを予感して佇んでいる暖かい空気の層に、おもわず立ち入って包みこまれる、そういう体験である。少年の幸せをみつめるうちに、刹那《せつな》の喜びが駆け抜けるとでも言えばよいのか。形も色もない、一瞬の法悦《ほうえつ》のようなものであった。

　春の近づいたある夜、宇田川は夢を見た。

　道を歩いている。棚田《たなだ》がゆるゆると広がった斜面を分かつように小さな水路があって、道は水路沿いに延びていた。宇田川は山に向かって進んでいる。

　足元に弾《はず》む土の感触は柔らかかった。天から降り注ぐ光はまばゆく、暖かく、耳元にマイナー調のメロディーが聞こえる。モンゴルのホーミーという民謡に似た、懐かしいメロディーだった。胸線《きょうせん》のあたりに火が灯ったような温もりを感じながら、久しく味わったことのない喜びの予感が湧いてくる。

　足元に深々とした緑のアザミがひと株あって、ピンク色のぼさぼさとした花弁が目に飛び込んできた。唾《つば》を呑み込む音が大きく響く。おそらくアザミの花のピンクがデンブを連想させたのだろう。小さな頃に大好物だった押し寿司のことを思い出していた。それは盆暮れに母がつくる得意料理の味であった。

　振り返ると棚田から、谷間に広がる小さな町が見えた。

今立っている山間《やまあい》のはるかな眼下に川が流れていて、対岸の斜面にも、棚田の広がる集落が見える。その風景は、たしかに記憶に刻まれている。迷っているのではない、と呟いた。

見覚えのある棕櫚《しゅろ》の大木があって、棕櫚の立つ田の向こうに竹林が見えた。

どこへ向かって歩いているのかは明らかだった。蓮華草《れんげそう》の密生する田を横切って走り出した。喜びに気持ちが急《せ》いてしかたがない。息をはずませて、孟宗竹《もうそうちく》の立ち並ぶ暗がりへ駆け込んだ。竹林の暗がりに何十条もの木漏れ日が降り注ぎ、闇と光がめまぐるしく交錯して顔を射す。目が眩んで、宇田川はそこに立ち尽くした。

あと何十メートルか進めば、あの家があって、会える。そうわかっているのに、もう歩けなかった。歩こうと力を入れるのだが、足が動かない。

「お母さん！」

そう叫んだ時、宇田川は官舎の暗い部屋で目を覚ましたのである。

それから一週間ほどたったある休日、宇田川は四国地方に日帰りの旅に出た。自分を十歳の時に捨てて出奔した母の実家を訪ねることにしたのだった。

思えば高校生の時にも、大学生の時にも、いつでもそこを訪ねることはできたはずであった。しかし、長い間、宇田川は母親を探し当てた時に、何を言うべきかがわからなかった。母を恨んでいるのか、それとも求めているのか、それがわからなかった。

今は、恨みの言葉を吐くには大人になりすぎている。身勝手な夫を持った女の悲しさは理解できる。だが、「ありがとう」と言えば嘘になる。ふたつの極端な言葉の透き間を埋める言葉と態度がみつからないのである。

そう考えてみると、自分と母の間に横たわっている空洞のあまりの大きさに胸を突かれる思いがした。

宇田川は何度も引き返そうと思った。

新幹線の席を立って、次の駅で降り、博多行きに乗ればいいだけだ。母親はみつからないかも知れないし、みつかったとしても自分の心に影を落としてきた苦しみが癒《いや》される保証はない。

だが宇田川は席を立たなかった。予定通り岡山駅で松山行きの特急列車に乗り換えた。

今、自分が人生の節目《ふしめ》を乗り越えなければ、峠正人の再出発に水を差すような気がしきりにしたのである。

愛媛県に入ってから各駅停車に乗り換え、ふた駅目の無人駅からタクシーを呼んだ。

山道の途中に崩れ落ちる寸前の廃屋があるかと思うと、見たこともない真新しいコンビニや安っぽいペンションが鮮やかなペンキで塗りたてられている。集落は古びているようにも、若返っているようにも見えた。

夢で見た棚田は、建築資材の置き場に変わっているところがあり、密生したセイタカアワダチソウが立ち枯れて焦げ茶色のジャングルとなっている田もあった。そうした変化に痛ましさを感じながら、宇田川はかつて自分が駆け回った土地への郷愁を感じていた。

夢と同じ道を、宇田川はたどっていった。大きな棕櫚の木をみつけ、竹林に目をやった。夢のなかで見た、あの竹林に間違いなかった。

蓮華草の紅色の花を踏んで近づく。歩くうち、竹林の暗がりに、人の動く気配がした。

宇田川は立ち尽くした。

その影を追った。

いつのまにか、事故で視力を失った白い瞳から、あたたかいものがこぼれ落ちていた。

木漏れ日の射す孟宗竹の間に、唐鍬《トウガ》を振るってタケノコを掘ろうとする女性の姿を見たからであった。

　仮退院の日の朝、体育館の壇上には少年院から貸し出されたブレザーに身を包んだ峠正人の姿があった。出院のために伸ばしている髪が、まだ坊主刈りの形をとどめたままぼさぼさに伸びているのが初々しい。

「一年前、この少年院に来た時、ぼくは小さな捨て猫のような気持ちでした。目も見えないまま、みゃあみゃあと鳴いていたような気がします。不安だったけど、それをみつけられないように嘘をつき、ニコニコ笑って誤魔化しつづけていました。でも、先生たちに励まされているうちに、人間は誰かと心がつながっていなければ生きていけないことがわかりました。心がつながっているためには、自分のいる本当の場所を、相手に伝えなければなりません。自分が嘘をついている限り、誰ともわかりあえないということを、ぼくはわかるようになりました」

　壇上で晴れがましく仮退院の挨拶を朗読している峠正人を、体育館に並んだ、まだ出口の見えない少年たちがみつめている。少年院の暮らしを受け入れられずに、我慢していることを顔いっぱいにあらわしている少年がいる。体育館でじっと立っていることに耐えられず後ろに組んだ指先をひっきりなしに動かしている少年もいる。なかには本音《ほんね》を封殺《ふうさつ》したまま、十一カ月の収容期間を潜り抜けるつもりの少年もいる。自分の能力の低さを軽く扱われた心の傷に萎縮《いしゅく》したまま、甘える相手だけを探している少年もいる。

　深瀬幸介は第二学寮の生徒の列の後ろに立って、少年たちの後ろ姿をみつめていた。

　少年たちが誰のせいで悪の道へ足を踏み外したの

か。それだけを問い続ければ、憎しみと恨みの支配した暗い絵を描き続けるしかない。

　いずれ少年たちは、踏み切り板を踏んで、恐ろしくてたまらない跳び箱を跳んでみるしかないのだ。一度跳び越えた喜びを、二度三度と試して自信へと変え、跳び越えるフォームをみつめて、自分の力を固めていく。

　しかし、それぞれの少年にとって、その跳び箱の中身はひとつひとつ違う。彼らが自分自身の跳び箱をみつけるまで、法務教官という不器用な人種は、とりあえず壁のように少年の前に立《た》ち塞《ふさ》がってみるのである。

　それが正しいことなのかどうかはわからない。法務教官の仕事が、少年にとって兄のようなものなのか、父親のようなものなのか、そのどちらでもない一時的な管理者にすぎないのか、それもまた答などないのだ。

　峠正人の仮退院の式場に、宇田川秀造の姿はなかった。宇田川は一週間前、転任の辞令を受けて関東の特別少年院へ移っていった。

　引越しの前日、宇田川は幸介の官舎を訪ねてきた。テーブルにつまみの缶詰を並べて、燗酒《かんざけ》を飲んだ。

「この少年院もあっという間だったな」

　酌《しゃく》をしながら幸介が声をかけると、宇田川は静かに笑った。

「自分ではなくて、深瀬先生が関東に転任になれば奥さんも喜ばれたでしょうね」

「もうセンセイはよそうや」

　幸介は杯《さかずき》の酒をあおった。

「俺、ここが気に入っているよ。嫁さんが遊びに来たら、今度こそ温泉にでも連れていってやろうと思う。転任はそれからでいいさ」

「自分もあと一、二年、この少年院にいたかったです」

「ふーん。宇田川くんでも心残りがあるの？」

「この少年院に来る子どもたちは社会に帰っていく時に苦労する子が多いと思います」

「そうだな。力が足りない子が多いから、少年院の教育では間に合わないで出ていく子もいる」

「その子たちが社会に戻っていく時の、働く場所の問題をもう少し考えてみたかったんです」

「わかるよ」と幸介は言った。

H級と分類された知的発達遅滞のある少年たちの職場環境はとうてい良くなっているとは言えない。R少年院に、コンピューターを使って薄い利益をかき集めるような仕事ができるような子どもはいない。

単純労働を海外から通貨格差で買い叩いて利益を上げるニッポンのビジネスマンは、この国の父親たちでもある。彼らの仕事こそが、彼らから見ればロクデナシにすぎない子どもたちが立ち戻り、つましく暮らしを立てる場所を破壊し続けているわけだ。だが、幸介は自分の仕事の領域に、そこまで視野を拡げた問題を持ち込みたくなかった。苦しすぎる。

幸介は、長男の和幸を思い出していた。定職にもつかないで……、今頃、破れたジーパンをはいて、ギターを片手に東京の盛り場をうろついているのだろう。四年前、家を出てミュージシャンになるという和幸のアパートへ押しかけ、エレキギターを蹴り壊した。あれ以来、息子とはひと言も言葉を交わしたことがない。

幸介自身も、父親として息子を横道に逸らせまいと勝手な思い込みで暴力をふるい、息子に見捨てられたのだ。ニッポンのビジネスマンと同類だ。

幸介は徳利を持ち上げ、宇田川の杯に酒を注いだ。そして吐き出すように言う。

「それは法務教官の手に余る難問だよ」

宇田川は何も答えなかった。自分の杯を飲み干すと、空にした杯を幸介に差し出した。

「お、珍しいな」

宇田川が職場の仲間と、ひとつ杯をやりとりする場面などついぞ見たことはない。幸介が宇田川の杯を飲み干し、返杯すると、宇田川はひどく畏《かしこ》まった様子で杯を受け取り、ゆっくりと飲み干した。

「自分は近いうちに法務教官を辞めるかもしれません」

宇田川はさっぱりとした表情で微笑んだ。

「君は去年、この部屋で飲んだ時、俺の歳まで法務教官をやってみると、言ったはずだ」

つい、からむような口調になった。

「実は先月、二十年ぶりに母親に会ったんです」

「それは……」幸介は、とっさに「おめでとう」と言おうかと思ったが、言葉を呑み込んだ。いきさつを知っているだけに、あまりに軽い言葉だ、と思った。

「母親は四国の山のなかで暮らしていました。なんとなくわかっていたのですが、自分を捨てた母と向き合うのが恐ろしくて……、これまで父に確かめることさえできませんでした」

「うん」

「でも峠正人のことが僕の背中を押したのだと思います。ふと母の実家のことを思い出して行ってみたんです。小さい頃に遊んだ田園を抜けて、竹林のなかでタケノコを掘っている母を見たとたん、気づきました。長い間、僕が母親に会えなかったのは、自分が母親を憎悪しているに違いないと考えていて、それに直面することを怖れていたからでした。どんなに頭で考えてみても、人を愛しているのか憎んでいるのかなんてわからないものですね。母を見たとたん、嬉しさで胸がいっぱいになって……、母親との絆は切れてなかった」

「そうか……」

「これから、できるだけ長く母親と過ごしたいと考えているんです」

「母上は御病気か？」

「それもありますが、それだけが理由ではありません」

「しかし、仕事を辞めてどうやって食べていく」

「四国の山のなかで、なにか仕事を立ち上げてみます」

そんなことが可能なのだろうか？

宇田川は幸介の考えを察したに違いなかった。

「母親の実家の周辺には、打ち捨てられた農地と山林以外に何もありません。たぶん農業を軸にした会社を作ることになると思います。難しいでしょうが、やりようはあると思います。僕はこれからズルくなろうと思います。これまで反抗してきた父親に擦り寄って金を借りることもあると思います。利用できるものは、すべて利用するつもりです」

深瀬幸介は壇上の峠正人をみつめていた。幸介は後ろ手を組み、背筋を伸ばし、両足をやや開いて踏ん張って立っている。法務教官らしく、少年たちの越えていく壁であることを証明するように……。

宇田川秀造はいずれ法務教官を辞めて会社を興すと言った。田舎町に農業法人を設立し、少年院を仮退院した少年たちと一緒に働く場を作りたいと言う。

「自分は法務教官を捨てるわけではありません。少年たちと一生つきあっていく道を探してみたいんです」

宇田川の言葉を、幸介は黙って聞いていた。無理だと否定することも、良いことだと励ますこともできなかった。少なくとも今の自分には宇田川のような冒険はできそうもない、心のうちでそう気弱に弁解してみただけだった。

「しかし、次に宇田川と会った時、俺はなにを考え、行動するのだろうか？」

初めて宇田川に会った頃、幸介は事故で視力を失った宇田川の白い瞳とキビキビと聡明に動く右の瞳で同時にみつめられるのが恐ろしかった。おそらく自分の法務教官としての閉塞感《へいそくかん》を、宇田川に見破られる気がしていたのである。しかし、今は違う。

明日は今日と違うのだ、と思う。干《ひ》からびた石鹸《せっけん》のように生きるよりは、川のなかに飛び込んで溶《と》ける生き方のほうがましだ。心を震わせながら、怯《おび》えつつ、そう思うようになっている。この弱い心こそが、法務教官という鎧《よろい》の下に隠し続けてきた、少年と心を通じ合わせるための本当の回路なのだと、幸介は気づきはじめていた。

仮退院の式が終わった後、峠正人と母親を正門の外に送り出し、当直明けの深瀬幸介は官舎に戻った。

郵便受けに挿してあるクッションつき封筒を手にとった時、その数分後にさめざめと泣くことになると、幸介は思いもしなかった。封筒のなかのＣＤには幸介の息子が作詞作曲したという歌がおさめられていた。不器用な男が少年院のフェンスのなかで働く姿を想う、静かな歌であった。

あとがき

『家栽の人』の連載を終えた一九九五年、僕は渋谷のライブハウスで歌を歌うようになった。

「印税成金の道楽さ」

そう笑う人もいただろうが、内実はそんなに気楽なものではなかった。

押し寄せてくる締切りを乗り切るために、毎日、物語を考える。本を渉猟《しょうりょう》し、脳みそからこぼれ出るほどの知識を拾う。喫茶店やバーをはしごしながら、自分の体験をあれこれと思い出しては、それを物語に役に立つものと立たぬものに分別する。そういうパーツと、折々に目の前にあらわれた誰かのひと言や風景を結びつけて、プラモデルのように筋やセリフを組み立てていく。物語が完成するまで、私生活はほとんどなし。数年間、そんな生活を続けた。自分のすべてが出涸らしのお茶っぱになったような気がした。過去は出涸らしになっていく、くわえて締切りを恐れて禁欲的な暮らしを続けていけば、仕事以外の自分の人生は限りなくゼロに磨り減ってしまうかもしれない。深刻にそう思った。

気晴らしにギターを爪弾くうち、ボブ・ディランの生き方が心に沁みるようになった。ディランの隠遁生活やローリングサンダーレビューでの復活を知識として知ってはいたが、一九八九年のアルバム『Ｏｈ ＭＥＲＣＹ』を聴いて、ディランを尊敬するようになった。ジミ・ヘンドリックスやジャニス・ジョプリンは若者文化のひとつにすぎなかったロックが産業に変質していくなかで、成功に傷つきながら死んでいったが、ディランは違う道を歩いたのだと感じた。そして、老境に入りながら音楽を創りつづけている。こんな風にしぶとく正直に生きたい。

一九九三年頃、仕事の合間に「地球の人」という、ひどく暗い歌をつくった。

いいナイフを持ってるので　人を切り裂いてみたい
鹿の角をあしらったハンドルの　硬い硬い刃を持った
それを大事にカバンにしまって　三日、町を歩いた
どうしてそんなに、このナイフが　とにかくよく切れるのが欲しくて

これから行く場所は　マラリアに防がれて人のいない島
もっともっと切れる　そういう希望が欲しかった
そうすれば今まで　自分が切り刻んできた木や魚や草のほかに
もっと大切ななにかが切れるのか
これだけ誰もの言葉が　ひとつにしか見えないのに　わからない

生きてることが罪だというなら　命を返したい

あらゆる奇跡のように一瞬に奪ってください
溶かしてください　切断してください　轢いて粉々にしてください
殺意が平和とか思想とか　そういうヒモつきでなければいいんだ
あらゆる人の良さと　あらゆる強引さが　汗をかいて腕相撲をしている地球

湾岸戦争を境に日本社会はおびえたカメが首をすくめるように構造不況の渦に入っていた。「地球の人」は環境問題を考えるうちに到達した自分の絶望を歌った歌であると同時に、『家栽の人』で何度も描こうとして、描けなかった少年の歌でもあった。渋谷のはずれで、恥をかきながら、たどたどしく歌いはじめた。

一九九四年から、民俗学者・宮本常一の歩いた足跡を追うルポルタージュを開始した僕は、カメラをかついで宮崎県椎葉村、長崎県対馬、奈良県の吉野地方、鹿児島県の屋久島などを四年がかりで歩いた。宮本が記録しようとした江戸期の古い共同体の面影を拾い集めながら旅を続けていた一九九七年、兵庫県須磨区で神戸児童連続殺傷事件が起こった。

「やっぱり、そんな少年がいたのか……」

少年の逮捕を知った時、驚きよりも既視感《デジャヴュ》に襲われた時の戸惑いに近い感情を覚えた。

あれから十年以上の時が経ったが、その戸惑いは消えていない。僕が歌であらわそうとした狂気と、実際に人の命を奪う行動との間にはどうしても埋められない溝がある。宗教者なら、それを業と言うのだろうが、僕には答が出せそうにない。

ただ、縁あって少年院に出入りするようになった僕に役目があるとすれば、目の前の少年たちに向かって、苦しみも弱さも音楽や言葉で表現できること。表現によって、「私」と「あなた」の間にある空間を変化させることができること。そのちっぽけな方法を伝えるために、少年たちの前に立つことだけである。

毎日新聞社福岡本部の高原克行さん、福岡賢正さん、矢部明洋さん、『刑政』編集部の阿部厚一さん、栗林直美さん、安森幹彦さんには連載の執筆に際して励ましとさまざまな心づかいをいただいた。中津少年学院の西崎法一元院長、山口修前院長、鷲尾薫院長には、規格外の篤志面接活動をあたたかく見守っていただいた。また中津少年院の職員のみなさんには、本書の表紙写真を提供していただくために格別の御尽力をいただいた。矯正協会・山下進常務理事には『刑政』誌から単行本への転載を許諾していただいた。元裁判官の井垣康弘さん、元小田原少年院院長の八田次郎さん、法務教官の若狭広直さんには法務教官インタビューと小説の連載中から折に触れ励ましをいただき、単行本化に当たって用語などについてさまざまな御教示をいただいた。単行本化に際しては現代人文社の桑山亜也さんと成澤壽信さんにお世話になった。

以上の方々に深く感謝したい。

この本は誰かに書かされた、という気がしきりにする。

「林洋一郎さん、あの酉の市の夜から、こんな場所まで歩いてきてしまいました」

二〇〇八年六月　梅雨の晴れ間に記す

毛利　甚八

初出一覧

第1部　育ち直しの歌

「少年よ　ウクレレを抱け！」

初出　毎日新聞西部版「土曜文化」欄
原題「育ち直しの歌　少年院から」

1　二〇〇五年　一月二二日　夕刊
2　二〇〇五年　四月一五日　〃
3　二〇〇五年　七月一五日　〃
4　二〇〇五年一〇月二一日　〃
5　二〇〇六年　一月二〇日　〃
6　二〇〇六年　四月二一日　〃
7　二〇〇六年　七月二二日　朝刊
8　二〇〇六年一〇月二一日　〃
9　二〇〇七年　一月二〇日　〃
10　二〇〇七年　四月二一日　〃
11　二〇〇七年　七月二一日　〃
12　二〇〇七年一〇月二〇日　〃
13　二〇〇八年　一月一九日　〃
14　二〇〇八年　四月一九日　〃

第2部　法務教官インタビュー

法務教官という生き方

初出「刑政」（財団法人矯正協会）
原題「少年院訪問インタビュー
法務教官という生き方」

1　門脇高次さん　一一六巻　四号（二〇〇五年　四月）
2　和田英隆さん　一一六巻　八号（二〇〇五年　八月）
3　深田幸子さん　一一六巻一二号（二〇〇五年一二月）
4　佐々木世紀さん　一一七巻三号（二〇〇六年　三月）
5　長田　亮さん　一一七巻　八号（二〇〇六年　八月）

6　伊藤雅子さん　一一七巻一二号（二〇〇六年一二月）
7　濱野智浩さん　一一八巻　四号（二〇〇七年　四月）
8　谷越鈴子さん　一一八巻一二号（二〇〇七年一二月）
9　藤　淳隆さん　一一九巻　五号（二〇〇八年　五月）

第3部　小説　法務教官・深瀬幸介の休日

初出　「刑政」（財団法人矯正協会）
原題　「小説　法務教官・深瀬幸介の休日」
第1回　一一七巻　四号（二〇〇六年　四月）
第2回　一一七巻　五号（二〇〇六年　五月）
第3回　一一七巻　六号（二〇〇六年　六月）
第4回　一一七巻　七号（二〇〇六年　七月）
第5回　一一七巻　九号（二〇〇六年　九月）
第6回　一一七巻一〇号（二〇〇六年一〇月）
第7回　一一七巻一一号（二〇〇六年一一月）
第8回　一一八巻　一号（二〇〇七年　一月）
第9回　一一八巻　二号（二〇〇七年　二月）
第10回　一一八巻　三号（二〇〇七年　三月）
第11回　一一八巻　五号（二〇〇七年　五月）
第12回　一一八巻　六号（二〇〇七年　六月）

※　小説は本書に掲載するにあたり書き直しを行ったため、本書の構成と右記の初出段階の構成とは異なります。

※「まえがきにかえて」「あとがき」は本書のための書き下ろしです。

毛利甚八（もうり・じんぱち）

1958年長崎県佐世保市生まれ。日大芸術学部文芸学科卒。

大学卒業後からフリーライターとなり、1987年から9年にわたり漫画「家栽の人」の原作を手がける。1994年より民俗学者・宮本常一の足跡を追うルポルタージュのため、全国の辺境を4年にわたって旅する。2001年に東京から大分県に移り住む。2002年より2007年まで『季刊刑事弁護』（現代人文社）誌上で、冤罪事件の起こった現場をルポする「事件の風土記」を連載。2003年より大分県の中津少年学院で篤志面接活動をはじめ、少年たちにウクレレを教えている。

単行本に『家栽の人』（小学館）などの漫画原作作品のほか、ルポルタージュ『宮本常一を歩く』（上下巻・小学館）、インタビュー集『裁判官のかたち』（現代人文社）などがある。

少年院《しょうねんいん》のかたち

2008年7月30日　第1版第1刷発行

著　者　毛利甚八
発行人　成澤壽信
編集人　桑山亜也
発行所　株式会社 現代人文社
〒160-0004 東京都新宿区四谷2-10 八ッ橋ビル7階
Tel 03-5379-0307（代）　Fax 03-5379-5388
E-mail henshu@genjin.jp（編集）　hanbai@genjin.jp（販売）
Web http://www.genjin.jp
郵便振替口座　00130-3-52366
発売所　株式会社 大学図書
印刷所　株式会社 ミツワ
装　幀　Malpu Design（清水良洋）

検印省略　Printed in JAPAN
ISBN978-4-87798-383-3 C0036